Birgit Ebbert

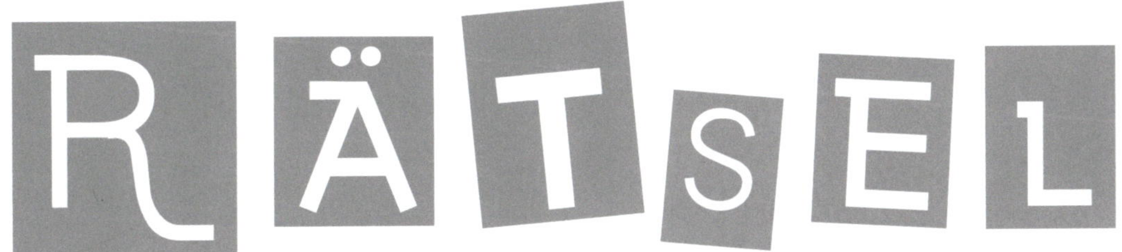

RÄTSEL GESCHICHTEN für Senioren

Zum Knobeln und Mitraten für das Gedächtnistraining

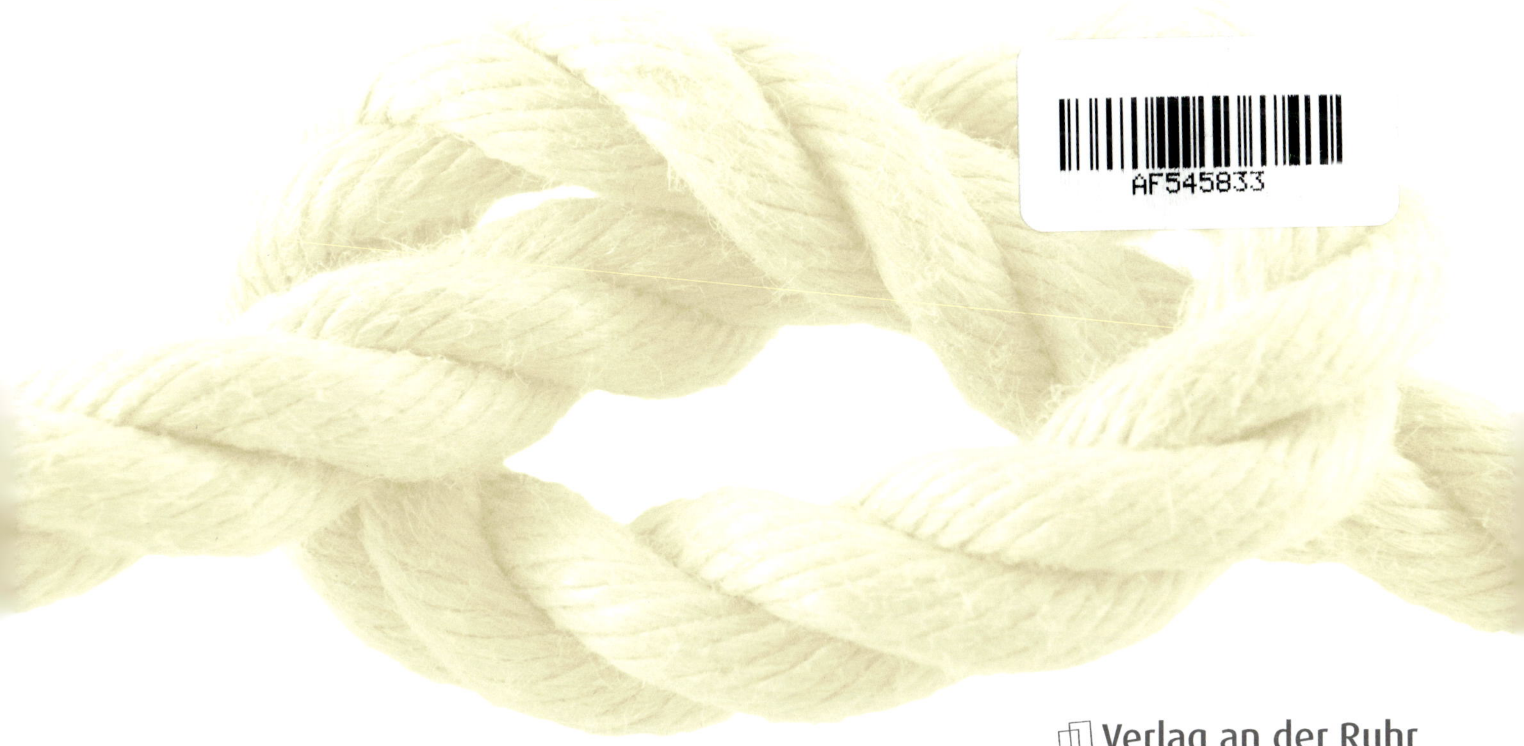

Verlag an der Ruhr

Impressum

Titel
Rätselgeschichten für Senioren
Zum Knobeln und Mitraten für das Gedächtnistraining

Autorin
Birgit Ebbert

Titelbildmotiv
Knoten: © Nelos | Fotolia.com

Illustrationen
Wenn nicht anders angegeben © Verlag an der Ruhr

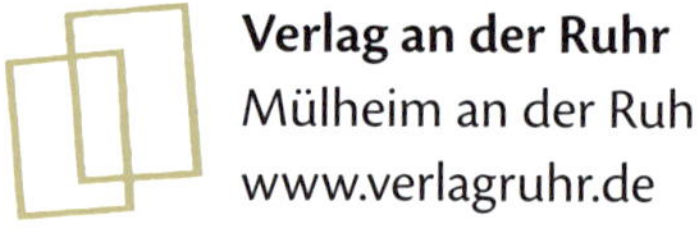

Verlag an der Ruhr
Mülheim an der Ruhr
www.verlagruhr.de

ISBN 978-3-8346-3181-7

Printed in Germany

Inhaltsverzeichnis

RATE KRIMIS

RECHEN GESCHICHTEN

WISSENS RATEREIEN

Der Knoten

Als ich in den Jugendtagen
noch ohne Grübelei,
da meint ich mit Behagen,
mein Denken wäre frei.
Seitdem hab ich die Stirne
oft auf die Hand gestützt
und fand, dass im Gehirne
ein harter Knoten sitzt.
Mein Stolz, der wurde kleiner,
ich merkte mit Verdruss:
Es kann doch unsereiner
nur denken, wie er muss.

Wilhelm Busch (1832–1908)

Vorwort

Liebe (Vor-) Leserinnen und Leser,

wer hat sie als Kind nicht geliebt, diese gereimten Rätsel und Sinnsprüche, die wie Zaubersprüche klangen und zum Mitsprechen oder Nachdichten einluden? Ich konnte nicht genug davon bekommen und freue mich, dass ich für dieses Buch eigene kleine Gedichte und Geschichten zum Mitraten erfinden durfte.

Besonders gefallen hat mir, dass ich beim Schreiben dieses Buches meine Fantasie so richtig schweifen lassen konnte. So spielt ein Teil der Rätselgeschichten in der heutigen Zeit, andere versetzen Sie in vergangene Jahrzehnte und manche Erzählungen sind auch einfach nur dahergesponnen. Da habe ich beim Lesen selbst gestaunt, was in meinem Kopf steckt.

Besonders viel Freude hatte ich am Ersinnen der Rätselreime. Ich liebe Teekesselchen. Kennen Sie dieses Spiel noch, bei dem man ein Wort erraten muss, das zwei Bedeutungen hat? Bis heute sammle ich solche Begriffe und wenn ich Zeit habe, denke ich mir Gedichte dazu aus. Einige davon finden Sie hier als Rätselreime.

Ich hoffe, dass ich Ihnen und Ihren zu Betreuenden mit den Gedichten und Geschichten ein wenig Spaß bereite.

Herzlichst
Ihre **Birgit Ebbert**

EINFÜHRUNG

Geschichten und Gedichte sind mehr als erzählte Erlebnisse oder gereimter Spaß. Schon beim Schreiben führen sie die Autoren in andere Welten oder Zeiten und bringen ihnen ihre Träume und Wünsche wieder nahe.

Das können Geschichten und Gedichte auch bei denen erreichen, die sie lesen, vorlesen oder hören – egal ob das in einer Pflegeeinrichtung oder in der häuslichen Betreuung ist. Dies gilt auch für die Rätselreime und Geschichten in diesem Buch. Es ist sogar beabsichtigt, dass die Texte Erinnerungen wecken und scheinbar längst vergessene Erlebnisse wieder ins Gedächtnis rufen. Deshalb eignen sich die Rätselgeschichten gerade auch für Menschen mit Demenz. Die Reise in die Vergangenheit ist ein Ziel, das mit diesem Buch erreicht werden kann.

Um die Arbeit mit dem Buch zu erleichtern, wurden die Reime und Geschichten in fünf Kapitel eingeteilt.

- **Rätselreime** sind kurze gereimte Texte, die meist auf ein doppeldeutiges Wort verweisen.
- Bei den **Knobelgeschichten** gilt es, genau zuzuhören und in der Geschichte Informationen zu entdecken oder diese zu interpretieren.
- Die **Ratekrimis** beschreiben einfache bis kniffligere Kriminalfälle, bei denen ein Täter gesucht wird. Sie können aber auch einfach so als spannende Geschichten vorgelesen werden.
- Hinter den **Rechengeschichten** verbergen sich längere Textaufgaben für Menschen mit einer Vorliebe für Zahlen – aber auch

Rechenfaule werden ihre Freude daran haben. Die Aufgaben sind mit den Rechenkünsten der ersten Grundschuljahre und einfacher Alltagsmathematik zu lösen.

- Bei den **Wissensratereien** handelt es sich z. B. um Sachtexte über berühmte Personen, bedeutsame gesellschaftliche Ereignisse oder beliebte Landschaften, die im Text nicht erwähnt und erraten werden müssen.

Alle Geschichten sind so angelegt, dass am Ende eine Frage steht, die nur beantworten kann, wer genau zugehört hat. Es ist gut, wenn Vorlesende vorab darauf hinweisen. Bei Bedarf können die Reime und Rätselgeschichten natürlich auch ein zweites oder drittes Mal vorgelesen werden. Wichtig ist, den Spaß in den Mittelpunkt zu stellen, das heißt aber auch, dass Antworten nicht falsch sind, sondern als Anregungen für Gespräche über die Geschichte und eigene Erfahrungen verstanden werden sollten. Letztlich ist die Antwort zweitrangig, entscheidend ist, das Denken und die Erinnerung der Zuhörer zu aktivieren. Nichtsdestotrotz kann die richtige Antwort oder auch ein eigener Beitrag zum gesuchten Begriff, Märchen, Lied etc. das Selbstwertgefühl stärken und helfen, mutiger zu werden und auch andere Herausforderungen anzunehmen.

Grundsätzlich sollte der Vorlesende abwägen, welchen Geschichten seine Zuhörer noch folgen können. Neben dem Spaß und dem gemeinsamen Erleben fördern die Texte auch kognitive Fähigkeiten, über deren Verlust insbesondere Menschen mit Demenz klagen. Sie stärken grundlegende Fähigkeiten, wie die Konzentration und die Merkfähigkeit. Bei den Rechengeschichten wird darüber hinaus das Verständnis für Zahlen, Mengen und Rechenoperationen aktiviert, die Ratekrimis verlangen logisches Denken und bei den Knobelgeschichten und Wissensratereien können die Zuhörer längst vergessene Kenntnisse hervorkramen.

Rätsel-Reime

Lang und lebendig

Lautlos durch das Gras sie kriecht,
sie schlängelt gar, doch spricht sie nicht.
Ganz anders ist es dann, wenn man
als Menschenmenge sie sehen kann.

LÖSUNG | Schlange

Mit wildem Blick

Beide schauen mit wildem Blick
auf ihr Gegenüber und selten zurück.
Der eine jedoch geht meist an der Leine,
der and're dagegen ballt für Scheine
die Fäuste fest und kämpft im Ring.
Die beiden zusammen, das wär' ein Ding!

LÖSUNG | Boxer

LÖSUNG | Linse

Sehend auf dem Teller?

Im Auge hilft sie, genau zu schauen,
ohne sie säh' die Welt pechschwarz nur aus.
Im Eintopf braucht man sie kaum zu kauen,
mit Würstchen ist sie bei Schwaben zu Haus'.

LÖSUNG | Stein

Klein und fein

Ich liege klein und unerkannt
am Fluss, im Wald, an manchem Strand.
Doch manchmal sitz' ich, welch ein Ding,
edel und glitzernd in einem Ring!

Genuss oder Gefahr?

Wie lecker dieser Kuchen schmeckt,
mit Creme und Mandeln reich verziert.
Ob sich darin jenes Tier versteckt,
dessen Stich zum Namen des Kuchens führt?

LÖSUNG | **Bienenstich**

Werk aus Stahl oder Körper

Turner bauen sie schnell in Sekunden,
Bauteams brauchen mehr als Stunden,
Monate oder Jahre vielleicht,
bis endlich sie das Werk erreicht.
Sie nutzen Stein oder Stahl und mehr,
der Turner nimmt nur seinen Körper her.

LÖSUNG | **Brücke**

Die Farbe macht's

LÖSUNG | Blatt

Wie ist es schön, häng' ich am Baum,
grün, gelb oder rot, ein bunter Traum.
Im Buch dagegen, welch ein Graus'
sehe ich weiß oder schmutzig aus.

Stark und schwach

LÖSUNG | Tau

Mal bin ich stark, ziehe Schiffe an Land,
trage Kinder, Artisten in buntem Gewand.
Doch komme ich nachts, benetze das Gras,
bin ich so schwach, dass man mich oft vergaß.

Ein harmloser Vogel?

Tagein, tagaus schwimmt sie friedlich dahin,
die Menschen haben viel Freude an ihr.
Da kommt eine Zeitung, hat Unfug im Sinn
und nennt den Artikel genau wie das Tier.

LÖSUNG | **Ente**

Winterliche Traumwelt

Es ist die Zeit der Kinder,
sie tollen und toben sich aus.
Ein Mann wird daraus im Winter
und manchmal ein ganzes Haus.
Doch manche nannten den Namen
mit einem ganz and'ren Gefühl.
Wenn sie nach Hause kamen,
dann sahen sie manchmal zu viel.

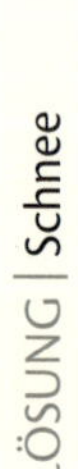

LÖSUNG | Muscheln

Sand im Ohr?

Jeder Mensch hat sie ständig dabei,
sie sitzen am Kopf, es sind genau zwei.
Die and'ren dagegen greift man mit der Hand
bei einem Spaziergang abends am Strand.

Hoch am Himmel

Man klebt ihn aus Holz und buntem Papier
oder man kauft ihn, mal da und mal hier.
Er zieht an der Leine und fliegt sehr hoch,
übertrifft dabei den Verwandten noch.
Der nämlich reist durchs Märchenland,
spuckt Feuer und niemand hat ihn gekannt.

Am Tag danach

Das kleine Kätzchen wird zum Mann,
der kleine Junge auch.
Herr Katze besser klettern kann
als der Mann mit viel Bier im Bauch.

LÖSUNG | Kater

Rund und schnell

Es gibt kein Kind, das mich nicht kennt,
mit Fuß und Hand man mich oft nennt.
Dann bin ich rund und rolle geschwind,
manchmal gar so schnell wie der Wind.
Doch bin ich auch ein großes Fest,
auf dem man Erwachsene tanzen lässt.
Sie kleiden sich auf die feinste Weise –
ob Fuß, Hand oder Fest – nie ist es leise.

LÖSUNG | Ball

LÖSUNG | Eis

Im Winter wie im Sommer

Dies findet man gar überall,
im Sommer wie im Winter.
Im Winter sorgt's für manchen Knall,
im Sommer schlecken's die Kinder.

LÖSUNG | Schloss

Immer im Haus

Jeder hat mich in seinem Haus,
sonst käme er nicht rein noch raus.
Ein kleines Dinglein bin ich dann
anders als bei König und Edelmann.
Da war ich groß und herrlich schön,
mein Turm war weithin schon zu seh'n.

Geld oder Ruhe

In Wänden aus Stahl bewahre ich
das Geld auf für jeden, für ihn und für dich.
Aber aus Holz, Beton oder Stein
darf ich ein bequemer Sitzplatz sein.

LÖSUNG | **Bank**

Aus dem Loch auf den Tisch

Klein, grau und flink, so kennt man mich,
viele Menschen fürchten sich.
Seit es jedoch Computer gibt,
bin ich bei Jung und Alt beliebt.

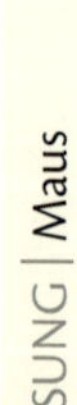

LÖSUNG | **Maus**

LÖSUNG | Pfanne

Auf Dach und Herd

Auf Dach und Herd sind sie zu Haus',
die eine schützt vor Regen und Maus.
Die and're dagegen sorgt dafür,
dass gebraten wird so manches Tier.

LÖSUNG | Bogen

Zwischen Liebe und Tod

Amor, heißt es, nutzte ihn,
um Liebespfeile zu verteilen.
Jäger und Sportler spannen ihn,
wenn's gilt, die Beute zu ereilen.
Ein Bruder dagegen, fein und rund,
spannt farbig sich über Haus und Hund.

Wahr oder falsch

Gemein, wie Menschen oftmals sind,
nennen sie Falschgeld so geschwind.
Wenn dies jedoch eine Blume schmückt,
dann staunen sie und sind entzückt!

LÖSUNG | **Blüten**

Nass oder laut

Mit Wasser gefüllt, springt man gerne hinein,
denn das erfrischt und macht auch Spaß.
Aus Metall dagegen klingt es eher fein
und man schlägt's zusammen: Tschinderadaß.

LÖSUNG | **Becken**

KNOBEL-GESCHICHTEN

Familienbesuch

Eines Morgens setzte Hans seine rote Kappe auf und sagte zu seinem Herrn: *„Meine Zeit ist um, nun wollte ich gern wieder heim."* Sein Herr dankte ihm und schenkte ihm zum Abschied einen großen Klumpen Gold und einen unscheinbaren, geheimnisvollen Beutel. Hans legte die Geschenke in einen Korb zu Brot und Wein und machte sich auf den Weg zu seiner Großmutter, die tief im Wald lebte.

Der Weg war weit und Hans merkte, dass der Korb immer schwerer wurde. Alle paar Meter blieb er stehen. Bei der ersten Rast sprach ihn ein Wolf an. *„Wie klug du bist, dich auszuruhen. Sieh mal die schönen Blumen, die ringsumher stehen. Ich glaube, du hörst gar nicht, wie die Vöglein so lieblich singen?"*

Der Wolf hatte Recht. Hans hatte bis dahin nichts gehört außer seinem Atem. Er stellte den Korb ab, nahm den Goldklumpen heraus und setzte sich darauf. *„Wo willst du eigentlich hin?"*, erkundigte sich der Wolf. Hans erzählte ihm, dass er nach langer Abwesenheit die Großmutter in ihrem Häuschen im Wald besuchen wollte. *„Das ist eine gute Idee"*, fand der Wolf.
Hans überlegte, für die Großmutter Blumen zu pflücken, und verschwand. Nach kurzer Pause wählte Hans einige Blumen aus und ging weiter. Anfangs pfiff er fröhlich, dann wurde er wieder müde.
Als er so dasaß und betrübt in die Welt schaute, kam ihm ein Reiter entgegen. *„Ach"*, sagte Hans ganz laut, *„was ist Reiten ein schönes Ding! Da sitzt einer wie auf einem Stuhl und kommt dennoch fort."*
Der Reiter stoppte sein Pferd und bot Hans an, den Goldklumpen gegen den Rappen zu tauschen. Das ließ Hans sich nicht zweimal sagen. Er sprang in den Sattel des Pferdes und machte sich auf den Weg zum Haus der Großmutter.
Schon von Weitem hörte er die alte Frau schnarchen. Je näher er kam, umso mehr wunderte er sich, dass sie so laute Geräusche von sich gab.

? ***Welche Märchen sind hier tüchtig durcheinandergeraten?***

Hans band das Pferd vor dem kleinen Haus an und lugte durch das Fenster. Seine Großmutter lag im Bett. Allerdings sah sie völlig anders aus, als er sie in Erinnerung hatte. Ihre Augen waren so groß und der Mund sah fast aus wie der eines Wolfes. Er sah noch einmal hin. Das war der Wolf. Rasch zog er das zweite Geschenk seines Dienstherrn, den unscheinbaren Beutel, aus dem Korb.

Als Hans den Beutel aufknotete und rief: *„Knüppel aus dem Sack!“*, sprang ein Stock heraus. Er flog zu dem Wolf in Großmutters Bett und schlug so lange zu, bis dieser ohnmächtig war.

Hans nahm eine Schere und fing an, dem bewusstlosen Wolf den Bauch aufzuschneiden. Kaum hatte er ein paar Schnitte getan, da kam die alte Großmutter lebendig heraus. Rasch füllten die beiden den Bauch des Wolfes mit Steinen. Als er aufwachte und fortspringen wollte, sank er gleich nieder und fiel tot um. Hans aber fiel der Großmutter um den Hals und rief: *„So glücklich wie ich gibt es keinen Menschen unter der Sonne!“*

LÖSUNG | Hans im Glück | Rotkäppchen | Tischlein, deck dich!

Abb.: © mega_spy – Fotolia.com

Ein Fest der besonderen Art

Renate und Holger hatten ihre Familie zu einem großen Fest eingeladen. Zwei Busse waren nötig, um alle Familienmitglieder in den Gasthof zu kutschieren.
„Muss denn das so weit außerhalb sein“, meckerte Renates Mutter Elfriede, die selbst in der leckersten Suppe noch ein Haar fand. Holger drehte ihr den Rücken zu. Am liebsten hätte er seine Schwiegermutter nicht eingeladen.

Seine Mutter Theodora war ganz anders. Sie stand neben dem Fahrer an der geöffneten Tür und begrüßte jedes Enkelkind mit Namen.
„Da ist ja die kleine Susi. Dutzidutzidu und der kleine Leonhard.“

Holger floh zu dem zweiten Bus. Das Gemüt seiner Mutter war zwar sonnig, aber anstrengend wie eine Sommersonne in der Wüste.
„Ich hoffe, du hast auch genug Bier bestellt!“
Holger zuckte zusammen, als sein Schwager und damaliger Trauzeuge Egon ihm auf die Schulter klopfte. Er nickte mit verkniffenem Gesicht und fragte sich, ob das Fest wirklich eine gute Idee war.
„Ich hoffe, ihr habt daran gedacht, den Strauß weiße Rosen mitzubringen. Ich habe ihn extra mit Haarspray eingesprüht, damit er 25 Jahre übersteht!“
Als Holger den spitzen Mund seiner Schwiegermutter sah, war er kurz davor, das ganze Fest abzublasen.
„Schatz, ich freue mich so über dieses Fest!“
Renate hängte sich bei Holger ein und ihr Strahlen ließ ihn alle spitzen Bemerkungen und Schulterschläge vergessen. Dieses strahlende Lächeln hatte ihn verzaubert. Heute brachte es Renate zum Leuchten wie an ihrem Glückstag vor 25 Jahren.
„Wir sind vollzählig!“, rief seine Mutter und er war froh, dass sie auf ein Dutzidutzi verzichtete. Auch im zweiten Bus hatten alle Gäste ihre Plätze eingenommen.
Holger wollte gerade in den zweiten Bus steigen, als Renate ihn zurückhielt.

„*Wir fahren damit!*", sagte sie. In ihr Strahlen stahl sich das spitzbübige Lächeln, mit dem sie ihn schon vor genau 25 Jahren überrascht hatte. Sie hatte doch nicht etwa?

Das Klappern von Pferdehufen war die Antwort. Während die Bustüren sich schlossen, fuhr eine goldene Kutsche vor. „*Die sieht ja aus wie damals!*", staunte er.
Renate grinste. „*Das ist die von damals, ich habe sie golden streichen lassen. Wink deinen Gästen noch einmal zu.*"

Welches Fest begehen Renate und Holger?

LÖSUNG | Silberne Hochzeit

Eine besondere Freude machte Holger das Gesicht seiner Schwiegermutter, die fassungslos auf die Kutsche starrte. Auch sie schien sich an den Tag vor 25 Jahren zu erinnern, als Renate und Holger nach der Kirche mit einer Kutsche davongefahren waren. Wie heute! Er legte seinen Arm um Renate und zog sie an sich.

Abb.: © Annykos – Fotolia.com

Schlossintrigen

Mitten in einem tiefen Wald stand, umgeben von einer großen Dornenhecke, ein wunderschönes Schloss. Darin lebte ein kleines Mädchen, das war so weiß wie Schnee, so rot wie Blut und so schwarz wie Ebenholz.

Es lebte dort zusammen mit seinem Vater und seiner eitlen Stiefmutter, die jeden Tag vor dem Spiegel stand und fragte: „*Spieglein, Spieglein an der Wand. Wer ist die Schönste im ganzen Land?*"
In den ersten Jahren antwortete der Spiegel: „*Frau Königin, Ihr seid die Schönste im ganzen Land.*"

Als das Mädchen eine junge Frau geworden war, die am liebsten mit ihrem Spinnrad im Schlossturm saß, sagte der Spiegel: „*Frau Königin, Ihr seid die Schönste hier. Aber eure Stieftochter ist tausendmal schöner als Ihr!*"
Die Königin ärgerte sich und ihr fiel ein, was die 13. Fee zur Geburt des Mädchens vorhergesagt hatte. Es würde vor dem 16. Geburtstag sterben. Dafür konnte sie sorgen.

Sie bestellte den Kater ein, der ihr in seiner kecken Menschenkleidung mit den großen Stiefeln ohnehin ein Dorn im Auge war. Ihm befahl sie: „*Bring das Mädchen in den Wald. Töte sie und bring mir Lunge und Leber als Wahrzeichen.*"

Bekümmert verließ der Kater mit dem Mädchen das Schloss. Sie nahmen den einzigen Weg, der durch die Dornenhecke führte.
Als sie um das Schloss herumgingen, bemerkten sie einen Prinzen. Der schlug mit seinem Schwert auf die dornigen Zweige der Rosenhecke ein.
„*Was machst du da?*", rief der Kater dem jungen Edelmann zu.
„*Ich will die Prinzessin retten*", antwortete der Prinz. „*Es heißt, sie schläft hinter der hohen Dornenhecke seit 100 Jahren.*"
Das Mädchen lachte. „*So ein Unsinn. Ich schlafe nicht. Ich bin quicklebendig und mache einen Ausflug mit dem Kater hier.*"

Welche Märchen sind hier tüchtig durcheinandergeraten?

Der Kater machte ein so bedrücktes Gesicht, dass der Prinz sprach: „*Nach einem fröhlichen Ausflug sieht das nicht aus.*“

Da erzählte der Kater von seinem Auftrag. Der Prinz und das Mädchen waren empört. Sie beschlossen, der Königin das Handwerk zu legen. Der Prinz rief seine sieben Zwerge und schärfte ihnen ein, der Königin zu erzählen, dass das Mädchen tot sei. Als Beweis dafür sollten sie ein Paar Pantoffeln mitnehmen und behaupten, beim Tod der Prinzessin hätten sich Lunge und Leber in die Pantoffeln verwandelt.

Der Kater führte die Zwerge zur Königin. Sie freute sich, über die Schuhe und zog sie sofort an. Während sie sie an den Füßen trug, wurden sie immer schwerer. Sie begannen, zu glühen, als der Spiegel sagte: „*Frau Königin, Ihr seid die Schönste hier, aber eure Tochter gleich um die Ecke hinter der hohen Dornenhecke ist tausendmal schöner als ihr.*“

LÖSUNG | Schneewittchen | Dornröschen | Der gestiefelte Kater

Das war das Letzte, was die Königin in ihrem Leben hörte, denn sie musste in den Pantoffeln tanzen, bis sie tot umfiel. Das Mädchen aber und der Prinz feierten ein großes Hochzeitsfest. Als der alte König ihnen die Herrschaft über das Land übergab, wurden die sieben Zwerge und der Kater ihre Minister.

Abb.: © Dorothee Wolters

Busfahrt mit Musik

„Hach, so ein Ausflug im Bus mit ehemaligen Kollegen ist doch etwas Schönes!“, sagte Albert und lehnte sich in seinem Sitz zurück.

„Da hast du Recht“, stimmte Rudolf zu und knisterte neben Albert mit einer Butterbrottüte. Dabei waren sie gerade erst eingestiegen.

„Schade nur, dass wir nicht ans Wasser fahren.“ Albert drückte seine Ellbogen an sich, um keine Krümel von Rudolfs Ei-Brötchen abzubekommen.

„Man kann nicht alles haben, ich wäre auch lieber in die Berge gefahren“, entgegnete Rudolf. Zumindest vermutete Albert, dass Rudolf das sagte. Mit vollem Mund war er nur schwer zu verstehen.

„Was meinst du, ob wir den Bären angucken?“, fragte Albert seinen Sitznachbarn. Er beobachtete, wie dieser die Knistertüte in der großen Tasche verstaute. Was dort wohl sonst noch versteckt war?

Abb.: © Magnus Siemens

Welche Stadt ist es, die Albert und Rudolf besuchen?

LÖSUNG | Berlin

Als könnte Rudolf Gedanken lesen, zog er zwei Bierflaschen mit Bügelverschluss heraus. *„Hier, gegen die trockene Luft"*, meinte er und hielt Albert eine Flasche hin. Dabei pfiff er fröhlich ein Lied, das Albert mit Mühe als *„Das ist die Berliner Luft"* erkannte.

Albert grinste und wartete darauf, dass Rudolfs Pfeifen verstummte. Als dieser einen großen Schluck aus der Flasche nahm, sang Albert leise: *„Ich hab noch einen Koffer in Berlin."*
„Hoffentlich mit Bier und Stullen", bemerkte Rudolf als Antwort.

Albert lachte. Längst hatte er seine Ellbogen gelockert. Eigentlich war Rudolf doch ein guter Kerl und schließlich hatten sie fast 40 Jahre nebeneinander am Band gestanden. Beide hatten als junge Burschen in einer Fabrik angefangen, an jenem Tag, an dem die Stadt geteilt wurde, in die sie gerade fuhren. Sie hatten ganz andere Dinge gemeinsam erlebt, dagegen waren die Krümel vom Ei-Brötchen ein Klacks. Er hob die Flasche und stieß mit Rudolf an.
Fast gleichzeitig setzten sie die Flaschen ab. Wie früher am Band. Und wie früher sahen sie sich an und begannen, ohne ein Wort zu tauschen, gleichzeitig zu singen. *„Bolle reiste jüngst zu Pfingsten, nach Pankow war sein Ziel."* Auch wenn Pankow heute nur ein Teil der Stadt war, in die sie reisten. Spaß machte es trotzdem, mal wieder gemeinsam zu singen wie früher im Werkschor.
Albert sah im Spiegel, wie der Busfahrer schmunzelte, weil ein Mitfahrer nach dem anderen einstimmte. Als sie ihr Ziel erreichten, bebte der Bus. Nun fiel selbst der Fahrer in das Lied ein, das die Luft jener Stadt pries.

Ein aufregender Tag

Hans schloss sorgfältig die Tür zu seiner Wohnung ab. Er war auf dem Weg zu Isolde, die er vom Canasta-Spielen im Mehr-Generationen-Haus kannte. Er stieg in sein Auto und pfiff während der Fahrt fröhlich, bis er Isoldes Reihenhaus näher kam. Auf was hatte er sich da eingelassen? Wie hatte er die nette, vornehme Isolde einfach ansprechen können? Und dann hatte sie noch Ja gesagt, als er sie zu einer Spazierfahrt einlud.

„Ich bin eben doch ein Hansel“, sagte er zu dem Fuchs aus Beton, der ihn in Isoldes Vorgarten erwartete.

Hans betrachtete sich in der Oberfläche des kleinen Teiches und lachte. *„Ein spannenlanger Hansel.“*
In dem Augenblick öffnete Isolde die Haustür. *„Da bist du ja, Hans“*, begrüßte sie ihn. *„Überprüfst du, ob alle meine Entchen noch da sind?“*

Hans sah zu ihr hinüber. Da stand sie mit dem schneidigen Hut auf dem Kopf, in den er sich gleich verliebt hatte. Vor Aufregung blieben ihm die Worte im Mund stecken.
Er konnte nur leise summen. Isolde bekam seine Unsicherheit nicht mit oder beachtete sie nicht. Sie trat aus dem Haus, schloss die Tür ab und blickte auf die Figuren in ihrem Vorgarten.

Abb.: © Dorothee Wolters

Im Chor wollen Hans und Isolde keine Kinderlieder singen, dabei gehen ihnen die Liedtitel flott von den Lippen. Welche Kinderlieder kamen in der Geschichte vor?

„Fuchs, hast du die Gans gestohlen?“, fragte sie und blickte zum Nachbarshund hinüber. Dabei bückte sie sich und zerrte hinter einem Busch eine Kunststoff-Gans hervor. *„Der Hund des Nachbarn versteckt die immer“*, erklärte sie.
Hans nickte und hielt Isolde die Beifahrertür auf. Erst als sie den Sicherheitsgurt angelegt hatte, ging er um das Auto herum und stieg ein.

„Ich dachte, wir fahren an den See und trinken dort Kaffee“, sagte er und starrte dabei nach vorne, damit Isolde ihn nicht aus dem Konzept brachte.
„Eine schöne Idee“, säuselte diese. *„Ich war schon so lange nicht mehr am See.“*
Hans war froh, dass er auf den Rat seiner Friseurin gehört hatte. Er konnte sich nicht erinnern, wann er zuletzt mit einer Dame ausgegangen war.

LÖSUNG | Fuchs, du hast die Gans gestohlen | Spannenlanger Hansel | Alle meine Entchen

„Ich kann mich nicht erinnern, wann ich zuletzt mit einem Herrn ausgegangen bin“, sagte in diesem Augenblick Isolde. *„Wenn ich etwas falsch mache, sag mir das bitte.“*
„Das habe ich auch gerade gedacht“, antwortete Hans, ohne groß nachzudenken. Schon waren sie in ein Gespräch über die Verabredungen ihrer Jugend verwickelt. Als er sie zu Hause absetzte, hatten sie festgestellt, dass sie beide gerne sangen. Gemeinsam wollten sie den Versuch wagen, einem Chor beizutreten, aber einem, der mehr sang als nur Kinderlieder, da waren sie sich einig.

Neustart

Eine Witwe hatte zwei Töchter, davon war die eine schön und fleißig, die andere hässlich und faul. Sie aber hatte die hässliche und faule viel lieber, weil sie ihre rechte Tochter war. Sie hätschelte sie und ließ die andere alle Arbeit erledigen.

Eines Tages war der Stieftochter die Spule des Spinnrades in den Brunnen gefallen. Statt sie zu trösten, schimpfte die Witwe: „*Hast du die Spule hinunterfallen lassen, so hol sie auch wieder herauf.*"
Das Mädchen ging zum Brunnen und zögerte, doch in seiner Herzensangst sprang es hinein, um die Spule zu holen.

Ehe es sich versah, stand es auf einer wunderschönen Wiese. Vor ihm warteten zwei Kinder, die es herzlich begrüßten: „*Willkommen im Reich von Frau Holle, ich bin Hänsel und das ist meine Schwester Gretel*", sagte eines von ihnen. „Komm mit, wir stellen dich den anderen vor.

Das Mädchen folgte den Kindern und lachte, als es einen Hahn, eine Katze, einen Hund und einen Esel sah, die neben einem kleinen Häuschen wilde Musik machten. Während die Kinder und das Mädchen leicht im Rhythmus der Musikanten wippten, hörte das Mädchen eine Stimme. Sie kam aus dem kleinen Häuschen. „*Hol mich hier raus! Hol mich hier raus!*" Das war merkwürdig, denn da war nichts als Brot im Backofen. Das aber sah knusprig und braun aus, so wie die Brote der Stiefmutter, wenn sie fertig waren.
Das Mädchen zog die Bleche mit den Broten heraus und fast schien es ihm, als lachten die Brote es an.

Inzwischen hatten die Musikanten aufgehört, Musik zu machen. Das Mädchen sah sie mit Hänsel und Gretel am Ende der Wiese bei einem Apfelbaum. Schnell rannte sie hinterher.

Welche Märchen sind hier tüchtig durcheinander geraten?

LÖSUNG | Hänsel und Gretel | Frau Holle | Die Bremer Stadtmusikanten

„Schüttel mich, schüttel mich", scholl ihr entgegen, als sie den Apfelbaum erreichte. *„Wir sind reif, alle miteinander."* Tatsächlich hatten die Äpfel schöne, rote Bäckchen und so schüttelte das Mädchen den Baum.

Erschöpft ließ es sich auf der Wiese nieder und schlief ein. Wenig später erwachte es von Tropfen, die auf es niederprasselten. Sie waren aus purem Gold und versahen die ganze Umgebung mit einem schönen Glanz. In der Nähe erkannte das Mädchen Hänsel und Gretel, die sich an den Händen fassten und ausgelassen tanzten.

Die vier Tiermusikanten spielten dazu und eine alte Frau ließ als Dank für ihren Fleiß immer mehr Gold über sie hinabregnen. Und wenn es nicht aufgehört hat, Gold zu regnen, dann tanzen sie noch heute.

Abb.: © Dorothee Wolters

Samstagabend

„Nun kommt doch endlich, ich will um Viertel nach acht zu Hause sein", drängelte Adelheid ihren Mann Walter und ihre Kinder Ilse und Bernd.
Ihre Familie ließ sich nicht beirren, sondern aß im gleichen Schneckentempo weiter.
Hätte sie sich nur nicht überreden lassen, ausgerechnet an einem Samstag die neue Gaststätte zu testen! Überhaupt! So viel Geld für einen solchen Unfug. Zu Hause hätte das alles höchstens die Hälfte gekostet. Die Roulade, die sie gegessen hatte, war zäh, aber die anderen schwärmten in den höchsten Tönen. Als ob sie ihr damit sagen wollten, sie könne nicht kochen!
Und dann war es ausgerechnet der Samstag, an dem ihre Lieblingssendung kam.
„Wenn wir jetzt nicht gehen, verpassen wir das Eingangslied!", quengelte sie und stieß ihrem Mann in die Seite.
„Lass mich wenigstens austrinken", schimpfte er. *„Auf das Gejaule von Rudi Carrell kann ich echt verzichten."*

Adelheids Augen wurden zu schmalen Schlitzen. Auf ihren Lieblingsmoderator ließ sie nichts kommen. *„Aber du mit deinem Harry Valérien, was?"*

Ilse neben ihr senkte rasch den Kopf, um ein Grinsen zu verdecken. Gerade rechtzeitig, denn ihr Bruder brauste auf. *„Mama! Harry Valérien ist der beste Sportreporter, den es gibt. Das weiß doch jeder!"*
Adelheid stand abrupt auf. Wenn ihr nun noch der eigene Sohn in den Rücken fiel!
Der Stuhl, auf dem sie gerade noch gesessen hatte, kippte polternd um.

„Ich gehe jetzt!", sagte Adelheid so laut, dass sich die Gäste am Nebentisch umdrehten.
Es waren ohnehin kaum Gäste in der Schenke und auch der Wirt hatte wiederholt verstohlen auf die Uhr gesehen.
Vom Nebentisch hörte man ein Tuscheln, von dem sie nur *„Band"* verstehen konnte.
Der Mann nebenan gab dem Wirt ein Zeichen, dass er zahlen wollte.

Welcher Titel einer erfolgreichen Samstagabend-Sendung stand auf dem Bildschirm?

LÖSUNG | Am laufenden Band

Nur Walter machte noch immer keine Anstalten, die Rechnung zu begleichen und aufzustehen. *„Ich zahle dann auch!“*, rief Adelheid dem Wirt zu, als dieser sich mit der Geldbörse an den Nebentisch begab. Plötzlich wurde Walter aktiv. *„Natürlich zahle ich!“*, ließ er verlauten.
Adelheid grinste. Der Trick funktionierte immer. Sobald Walter seinen Ruf als untadeliger Ernährer der Familie in Gefahr sah, wachte er auf.

Endlich hatten sie bezahlt.
„Heute darf ich bei der Sendung aber als Erstes sagen, an welche Gegenstände ich mich erinnere!“, forderte Ilse auf dem Heimweg.
Adelheid ging nicht darauf ein. *„Das klären wir dann. Jetzt beeilt euch, vielleicht schaffen wir es ja noch.“*

Mit einem Seufzen passte sich Walter Adelheids Tempo an. Am Ende saßen sie tatsächlich nebeneinander auf der Couch, als die Eröffnungsmelodie erklang und auf dem Bildschirm der Titel der Show erschien.

Abb.: © Norbert Höveler

Die kleine Blumenverkäuferin

„Oh nein!“, stöhnte Lieselotte und versuchte, sich hinter dem weißen Flieder, der wieder blühte, an ihrem Blumenstand zu verstecken. Suchend blickte sie sich um, ob nicht doch ein Kunde kam, um einen Strauß Tulpen oder eine rote Rose zu kaufen.

Es war jeden Morgen dasselbe. Kaum hatte sie den Kunststoffvorhang an ihrem kleinen Stand auf der Kölner Domplatte abgehängt, da erschien dieser Mann im dunklen Anzug mit Melone und Gehstock.

Lieselotte seufzte leise, als er wie immer sagte: *„Eine Tulpe aus Amsterdam für meine schöne Maid.“*

„Tut mir leid, meine Tulpen kommen vom Bodensee, nicht aus Amsterdam!“, antwortete sie und gab sich Mühe, nicht zu schroff zu klingen.

„Aus Ihren Händen ist mir jede Tulpe gleich lieb“, entgegnete der ältere Mann und lehnte den Gehstock, wie immer, an ihren Tisch.

Er hob die Anzugjacke und zerrte aus der altmodischen Hose eine ebenso altmodische Brieftasche hervor.

„Ich habe es leider nicht kleiner“, säuselte er, als er ihr einen 20-Mark-Schein reichte.

Für die eine Mark, die die Tulpe kostete! Wenn sie ihm Geld zurückgab, war ihr gesamtes Wechselgeld futsch.

In der Geschichte haben sich einige Blumenlieder versteckt. Welche sind das?

„Es tut mir leid, ich kann noch nicht herausgeben", sagte Lieselotte. Wie jeden Tag. *„Ich schreib's auf."*
Die Liste mit den Strichen war inzwischen schon sehr lang. Beim nächsten Mal konnte sie den Zwanziger ruhigen Gewissens annehmen, um die Blumenschulden zu begleichen. Aber sie ahnte, dass er am nächsten Tag mit einem Fünfziger kommen würde. So war das immer. An einem Tag wollte er weiße Rosen aus Athen, dann rote Rosen und nie zahlte er. Stattdessen zwang er ihr ein Gespräch auf und machte ihr Komplimente, die sie erröten ließen.
„Na, ist unser Rosenkavalier wieder da!", rief die Frau vom Obststand nebenan.
Lieselotte schloss die Augen und hoffte, dass er einfach verschwinden würde. Aber als sie die Lider öffnete, stand er immer noch vor dem Stand.

LÖSUNG | Wenn der weiße Flieder wieder blüht
(Comedian Harmonists, 1928)
Tulpen aus Amsterdam
(Mieke Telkamp, 1961)
Weiße Rosen aus Athen
(Nana Mouskouri, 1961)

Mit der gelben Tulpe, die er heute ausgesucht hatte, und einem unendlich traurigen Lächeln. Was sollte sie dagegen tun?
Ergeben bedankte sie sich, als er ihr die unbezahlte Blume überreichte.
„Für die schönste aller Blumen!", sagte er, lächelte, hob den Hut leicht in die Höhe und ging seiner Wege.
Lieselotte folgte ihm mit dem Blick und fragte sich, ob er es je wagen würde, ihr mehr zu schenken als ihre eigenen Blumen.

Sonntagsspaziergang

Wie jeden Sonntag hatten sich Friedrich, Annegret, Eberhard und Clementine verabredet, um gemeinsam die Gegend zu erkunden. *„Ich würde heute gerne die Iser in schäumender Flut sehen"*, wünschte sich Clementine. Die anderen drei grinsten sich verschwörerisch an. Als wäre das etwas Besonderes. In den letzten 20 Jahren war kaum ein Sonntag vergangen, an dem Clementine diesen Wunsch nicht geäußert hatte.
„Dass du die Hoffnung immer noch nicht aufgegeben hast, den zu treffen, der die Sagen und Märchen erspinnt und im tiefsten Waldesfrieden die Gestalt eines Riesen annimmt", meinte Annegret.
„Das lodernde Feuer hätte längst schon jemand gesehen", stimmte Eberhard seiner Frau Annegret zu.
Sofort verzog Clementine das Gesicht. Mit spitzem Mund sagte sie: *„Lacht ihr nur. Ihr werdet euch noch wundern und eins lass dir sagen: Volk und Heimat sind nimmermehr frei."*
Friedrich warf den Freunden einen flehenden Blick zu. *„Nun lasst ihr doch ihren Willen"*, schien er zu sagen. *„Ihr wisst doch, dass sie keine Ruhe gibt."*

Clementine warf den Wanderrucksack auf den Rücken und stapfte mit ihrem Spazierstock voraus. *„Liegt die Heimat auch in weiter Ferne"*, sang sie leise.
Annegret seufzte. *„Aber nächstes Mal, damit das ein für alle Mal klar ist, nächstes Mal bestimme ich, wohin es geht."*
Die Männer waren erleichtert, dass die Frauen sich beruhigt hatten. Mit festen Schritten folgten sie ihnen.

„Bin ich froh, dass Rübezahl nicht mehr die Keule schwingen muss wie in alten Tagen", meinte Friedrich mit einem Grinsen.
„Nee!", entgegnete Eberhard. *„Die beiden schlagen Hader und Zwietracht mit ihren Sprüchen entzwei."* Dabei zeigte er auf Annegret und Clementine, die schon wieder einträchtig nebeneinander gingen und die Köpfe

Welches Volkslied ist es, das sich in diesem Sonntagsspaziergang versteckt hat?

LÖSUNG | Hohe Tannen weisen die Sterne

zusammensteckten. Er meinte mal seinen Namen und mal den Friedrichs zu hören. Aber was die beiden tuschelten, das wussten nur die Sterne, auf die die hohen, dunkelgrünen Bäume wiesen.

In der Bäckerei

Welches Backwerk stellt der Bäckerlehrling am frühen Morgen her?

LÖSUNG | Berliner Ballen, auch (Berliner) Pfannkuchen | Krapfen

Karl gähnte verstohlen, als er die Bäckerei betrat. Obwohl er schon im zweiten Lehrjahr war, fiel ihm das Aufstehen noch immer schwer. Er musste genau aufpassen, dass er keine Fehler machte am frühen Morgen. *„Guten Morgen, Karl, da bist du ja, ich habe schon alles vorbereitet“*, begrüßte ihn der Meister gut gelaunt. Er zeigte auf eine Schüssel mit fertigem Teig. *„Du musst ihn nur noch formen, füllen und ausbacken.“*
Mehr sagte der Meister nicht und Karl wagte nicht, zu fragen. Vorsichtig probierte er den Teig. Er schmeckte süß und nicht herzhaft. Puh, es gab so viel süßes Gebäck. Welches davon sollte bloß aus diesem Teig hergestellt werden? Neben der Schüssel stand ein Glas Kirschmarmelade. Aber die brauchten sie für einige ihrer Spezialitäten. Karl seufzte. Da entdeckte er erleichtert, dass er neben dem großen Zuber stand, in dem Quarkbällchen, Spritzringe und andere Leckereien ausgebacken wurden. Nun wusste er, was er zu tun hatte. Er formte den Teig zu runden Kugeln und spritzte Marmelade hinein. Dann ließ er sie in den Zuber gleiten und dachte beim Zischen des heißen Schmalzes daran, wie sich beim Essen der Teig mit der Marmelade in seinem Mund vermengte. Lecker! Keine Spur mehr von Müdigkeit. Nach einer halben Stunde hatte er den Teig verarbeitet und genoss die erste Fettkugel.

RATE-
KRIMIS

Das geheimnisvolle Versteck

Seit drei Wochen beteiligte sich Peter Hense am gemeinsamen Verpacken der Geschenke für die Aktion *„Weihnachten im Schuhkarton"*.

Die Idee dahinter war, für bedürftige Menschen Weihnachtspäckchen zu packen, die nicht größer als ein Schuhkarton waren. Schuhgeschäfte und Privatpersonen hatten die leeren Kartons gestiftet, die sich nun an der Wand stapelten.
Peter Hense genoss das Gewusel um sich herum. Die Kinder tuschelten beim Malen von Grußkarten. Die Erwachsenen knisterten mit Geschenkpapier und tauschten leise den neuesten Tratsch aus.

„Habt ihr gehört, dass ein Juwelier und ein Schuhgeschäft überfallen wurden?", sagte Frau Ehrenkamp. Sie schilderte ausführlich, was sie im Radio über den Fall gehört hatte. Peter Hense wandte sich ab, als sie über den Leberfleck auf der rechten Wange des Diebes sprach. Das ging ihm zu sehr ins Detail.

Lieber verpackte er das nächste Geschenk. Er holte einen der Schuhkartons und zog das Seidenpapier heraus, in dem sonst die Schuhe verpackt waren.

Ein Klirren zog seine Aufmerksamkeit auf sich. Allerdings konnte er nichts entdecken, was das Klirren hervorrufen könnte. Also packte er Spielzeug und Naschereien in den Karton. *„Hey, das ist mein Karton, den will ich bepacken!"*, hörte er eine ältere, ihm unbekannte Frauenstimme.

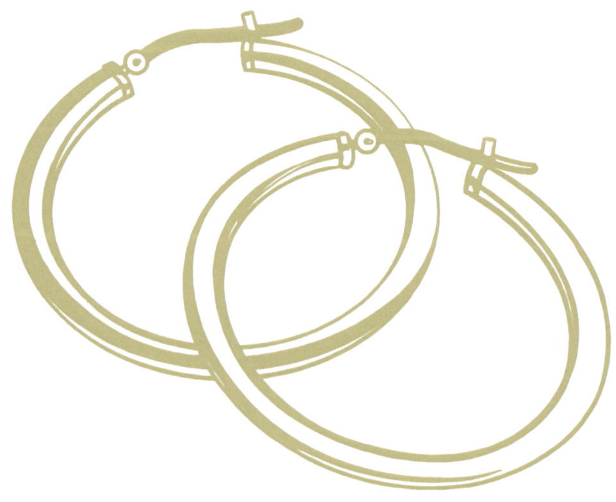

Welchen Verdacht hegte Peter Hense?

Ein Mann im mittleren Alter mit einer Glatze stritt sich mit einer älteren Frau um einen grünen Karton.

„Wie im Kindergarten", kommentierte ein alter Mann den Disput und zog damit die Aufmerksamkeit des glatzköpfigen Mannes auf sich. Er stürzte sich auf den Karton des Alten und leerte ihn aus.

„Was soll das?", schimpfte der Alte und schwang seinen Stock, um den Glatzkopf zu vertreiben.

Vor Peter Hense blieb dieser stehen und zog dessen Karton an sich.

Während der Glatzkopf den Karton heftig schüttelte, drehte er Peter Hense die rechte Gesichtshälfte zu, auf der ein großer Leberfleck zu sehen war.

Sofort erinnerte sich Peter Hense an das, was Frau Ehrenkamp gesagt hatte, und rief die Polizei. Dabei fiel sein Blick auf einen glitzernden Ohrring auf dem Boden. Das bestätigte seinen Verdacht nur noch.

LÖSUNG | *Peter Hense glaubte, dass der Glatzkopf der Juwelendieb ist. Als er ihm den Kopf zuwandte, sah er den Leberfleck und der Ohrring hätte aus dem Juwelenraub stammen können. Das Fahndungsfoto zeigte später, dass er Recht hatte. Der Täter hat auf seiner Flucht die Beute in einem Schuhkarton versteckt.*

Gefährlicher Anstieg

Werner wartete mit seinem Kumpel Fritz und anderen Zuschauern an der Straße, die auf den Berg führte. Er war froh, dass er später gemütlich in einem Shuttlebus zum Radfahrfestival-Gelände fahren und sich nicht mit dem Rad die Steigung hinaufquälen musste.

Kaum dass er auf dem Festivalgelände angelangt war, hörte er eine Frau neben sich schimpfen: *„Dass die Leute ihre Kinder nicht im Griff haben!"* Sie deutete auf einen etwa 8-jährigen Jungen in einer blauen Weste. Der Kleine warf in einer Tour runde Kiesel auf die Strecke, ohne dass ein Ordnungshüter ihn zurechtwies.

Da kam schon der erste Fahrer. Werner, Fritz und all die anderen Fans feuerten ihn an. Werner sah die Straße hinunter. Das Verfolgerfeld war dem Führenden dicht auf der Fährte.

Ein vielfaches Stöhnen ließ ihn aufhorchen. Der Fahrer, der das Feld angeführt hatte, lag auf der Straße und hielt sich das Knie. Schon hatten die Verfolger ihn erreicht. Die ersten fuhren auf das Rad. Es dauerte nicht lange, da hatten sich mehrere Räder ineinander verkeilt. Einige Fahrer schafften es, das Menschen-Rad-Knäuel zu umfahren. Der 8-jährige Junge, der immer noch Kieselsteine auf die Fahrbahn warf, lachte heimtückisch.

Werner fiel auf, dass ein Fahrer in einem blauen T-Shirt mit einem roten Fuchs auf dem Rücken das Feld weiträumig umfuhr und beschleunigte. Ein Radler in einem gelb-schwarzen Hemd blieb ihm dicht auf den Fersen, bis er aus heiterem Himmel stürzte.

Werner betrachtete den Boden, so gut das in dem Durcheinander möglich war. Ein Verdacht keimte in ihm auf. Suchend sah er über die gestürzten Radfahrer hinweg, die sich aufrappelten und ihre Räder kontrollierten. In der Ferne sah er eine kleine Gestalt mit einer blauen Weste und einem roten Fuchs auf dem Rücken leichtfüßig den Berg hinauflaufen.

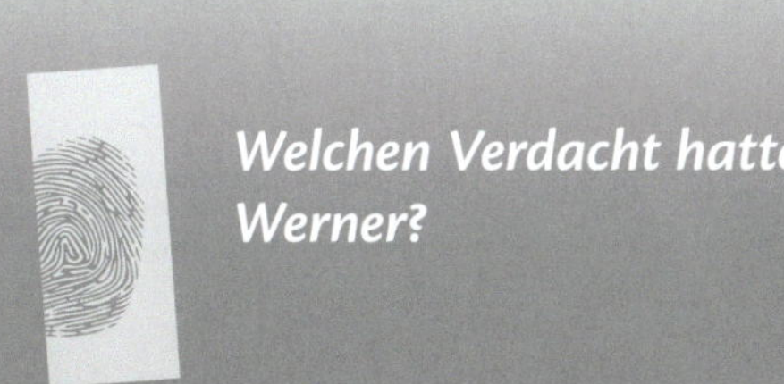

Welchen Verdacht hatte Werner?

LÖSUNG | *Werner verdächtigte den Jungen, dass er dem führenden Fahrer und dem Fahrer mit dem gelb-schwarzen Trikot gezielt Steine in den Weg geworfen hatte, damit sie stürzen. Es stellte sich heraus, dass der Fahrer mit der blauen Weste seinen 8-jährigen Sohn zu der Tat angestiftet hatte.*

Eine verhängnisvolle Tombola

„Rüpel!“, rief Iris Heuer, die Wirtin des *„Goldenen Schwans“*, einem Jugendlichen hinterher. Der Junge hatte sie angerempelt, als sie mit ihren Besorgungen eilig durchs Dorf strebte. Und dann lief der Rüpel einfach weiter, ohne sich zu entschuldigen.

Fast wäre Iris Heuer gegen die Tür eines Kleinlasters gelaufen, die den Weg vor dem einzigen Geschäft in ihrem kleinen Dorf versperrte. Grummelnd betrat sie den Laden. Die Verkäuferin Wilma Ansbeck war gerade dabei, ein Kühlkissen auf den Hinterkopf eines jungen Mannes zu legen.
„Stell dir das vor“, sagte Wilma Ansbeck. *„Der junge Mann wurde überfallen, als er die Kalender lieferte. Du weißt schon, die Kalender, die wir für einen guten Zweck verkaufen wollten. Wo man jeden Tag etwas gewinnen kann.“*

„Alle Kalender sind weg!“, stöhnte der junge Mann und drückte das Kühlkissen auf seinen dunkelbraunen Lockenschopf. *„Dabei waren in diesem Jahr besonders schöne Preise dabei. Eine Jahreskarte für die VIP-Tribüne im Stadion und ein tolles Fahrrad.“*
„Und ein Kochbuch mit Autogramm dieses tollen Kochs, der immer im Fernsehen zu sehen ist. Mit einem Gutschein für ein Essen in seinem Restaurant“, sprach Wilma Ansbeck weiter und ihre Augen leuchteten.

Iris Heuer dachte an den Jugendlichen, der sie fast umgerannt hätte. Hatte er etwas in der Hand? Sie ging auf die Straße, um zu prüfen, ob der Rempler noch zu sehen war. Nichts. Nur dieser Kleintransporter war noch da. Daneben lag das Gerät, mit dem Wilma Ansbeck immer die Preisaufkleber auf ihrer Ware anbrachte. Iris Heuer hob es auf und betrachtete es genauer. Steckte da nicht ein dunkles Haar zwischen den Aufklebern?

„Das habe ich draußen gefunden“, sagte Iris, als sie zurück in den Laden kam.
„Äh, das habe ich schon gesucht“, stammelte Wilma Ansbeck und wandte sich rasch ab.

Wen hatte Iris Heuer in Verdacht?

LÖSUNG | *Iris Heuer verdächtigte zu Recht Wilma Ansbeck, dem jungen Mann mit dem Gerät auf den Kopf gehauen und die Kalender schnell versteckt zu haben. Dann hatte sie ihm geholfen, um die Tat zu vertuschen.*

Aber Iris Heuer hatte gesehen, dass das Gesicht der Verkäuferin rot angelaufen war. Sie betrachtete zuerst Wilma Ansbeck, dann den jungen Mann, der sich noch immer stöhnend den Kopf hielt, und schließlich die ganze Ladeneinrichtung. Dann war sie sich sicher, wer den Überfall begangen hatte.

Abb.: © Norbert Höveler

Verräterischer Schnupfen

Zufrieden und laut schwatzend, machten Ilse, Leonore und Agathe sich auf den Heimweg von der Hubertusmesse in der Waldkapelle. Ilse und Agathe legten ein ordentliches Tempo vor. Sie bemerkten nicht, dass Leonore zurückblieb, weil sie zwischen den Bäumen weiße Flecken sah. *„Guckt mal. Vielleicht sind das Schneeglöckchen"*, rief sie noch. Doch die beiden hörten sie nicht.
Leonore ging zum Rand des Weges, um zu prüfen, ob es sich wirklich um Schneeglöckchen handelte. Dabei wäre sie fast über den leeren Koffer eines Jagdhorns am Rand des matschigen Weges gestolpert. Eine junge Frau lag stöhnend daneben.
„Kann ich Ihnen helfen? Was ist passiert?", fragte Leonore besorgt und hielt Ausschau nach ihren Freundinnen. Doch außer einer Lebensmittelverpackung, einigen Papiertaschentüchern und einer alten Zeitung war nichts zu sehen.
„Jemand hat mich zu Boden geworfen", sagte die Frau, nachdem Leonore ihr aufgeholfen hatte. Vergeblich versuchte sie, das klebrige Herbstlaub von ihren Schuhen und Kleidern zu entfernen. *„Und ehe ich mich aufrappeln konnte, war mein wertvolles Horn weg."*

Leonore erinnerte sich an die Legende um ein Jagdhorn, das angeblich aus echtem Gold und von einem berühmten Hornbaumeister hergestellt worden war. Der Leiter der Bläsergruppe, die bei der Hubertusmesse spielte, hatte weit von sich gewiesen, dass es ein goldenes Horn gibt. Dennoch hatten zwei Männer die Jagdhörner bei der Messe nicht aus den Augen gelassen.

Leonore rief sich die Situation vor Augen. Ein blonder, junger Mann hatte abwechselnd auf die Hörner gestarrt und sich die Nase geputzt. Sie schüttelte sich, als sie an die Papiertaschentücher vor dessen Füßen dachte. Der andere Mann war älter, dick und ständig damit beschäftigt, den Schweiß auf seiner Glatze zu trocknen. Beide waren vor dem Ende des Gottesdienstes verschwunden und konnten der Hornistin, bei der sie zu Recht dieses besondere Horn vermuteten, aufgelauert haben.

Plötzlich sah Leonore die Umgebung mit neuen Augen. Als sie sah, dass ihre vermeintlichen Schneeglöckchen nichts anderes waren als Papiertaschentücher, keimte in ihr ein Verdacht auf.

Wen verdächtigte Leonore?

LÖSUNG | *Leonore verdächtigte den jungen blonden Mann von der Messe, weil er die ganze Zeit Papiertaschentücher genutzt und weggeworfen hatte. Es stellte sich heraus, dass sie Recht behielt. Der Mann hatte die junge Frau überfallen und das wertvolle Jagdhorn gestohlen.*

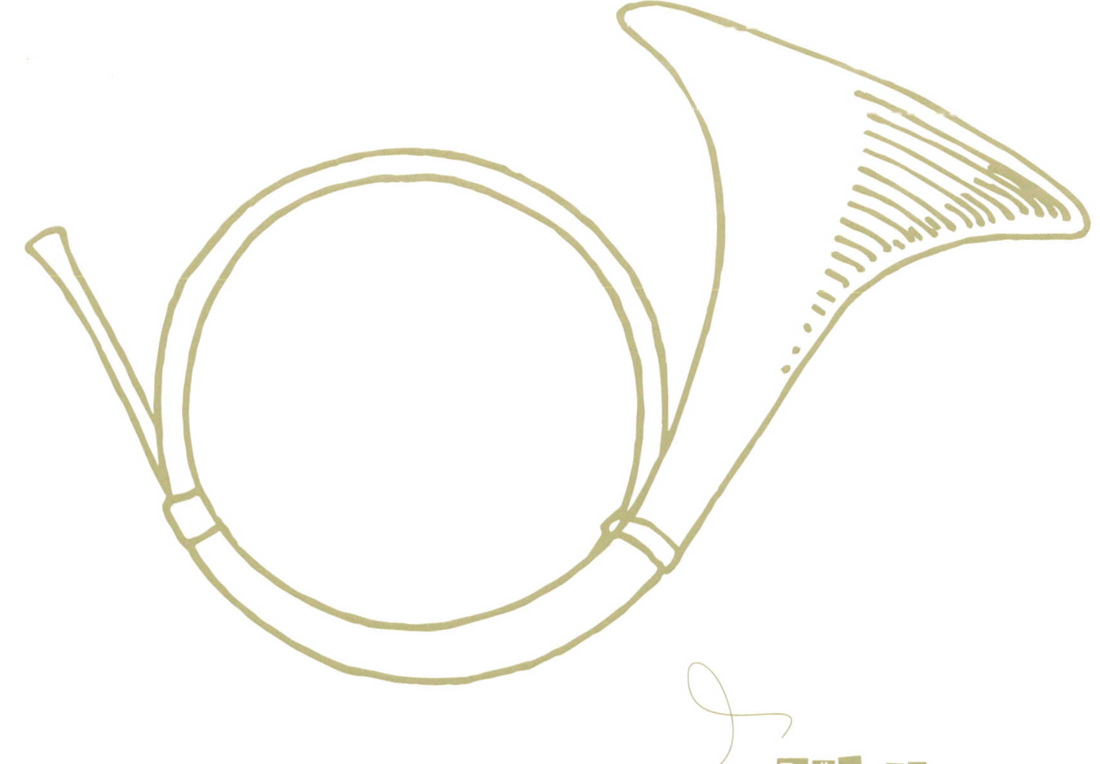

Abb.: © Astrid Wilkesmann

Das Feuerwehrfest

Soweit Luise Müller-Berg sehen konnte, standen auf dem Platz vor dem Feuerwehrhaus Verkaufsstände. Sogar ein Karussell war aufgebaut worden. Alles für zwei Tage Feuerwehrfest.

„Lohnt das denn überhaupt?“, fragte sie sich und zwängte sich mit ihrem Rollator zwischen den Ständen und den Menschen hindurch. Warum musste der Waffelstand auch ganz am anderen Ende sein?

Endlich waren die Frauen ihres Canasta-Clubs in Sicht, die Waffeln backten. Luise Müller-Berg wollte ihrer Freundin Else zuwinken. Da hörte sie ein lautes *„Halt!“*. Sie drehte sich um, ob jemand sie damit meinte, und ging dann weiter.

„Da bist du ja, Luise“, begrüßten die Frauen sie. *„Wir haben uns schon Sorgen gemacht.“* Luise lachte. *„Ich war doch in der Kirche. Da war heute wirklich was los, kann ich euch sagen. Unsere wertvolle Marienfigur wurde gestohlen!“* Sie kam nicht mehr dazu, ihre Handtasche zu öffnen und hervorzuholen, was sie in der Kirche gefunden hatte. Hinter ihr wurde es laut. Sie wandte sich um.

Was hat Luise Müller-Berg wohl in der Kirche gefunden? Und welchen Verdacht hatte sie?

„Halt, nicht!", rief ein Jugendlicher in einer blauen Kapuzenjacke. Zwei andere Jungen versuchten, ihm den Mund zuzuhalten und ihn wegzuziehen. Als es ihnen nicht gelang, ließen sie ihn los und verschwanden hinter dem Gerätehaus.

Ein Feuerwehrmann stand mit einer Fackel neben einem riesigen Holzstapel. *„Vorsicht, zurücktreten! Es wird heiß!"*, forderte er die Menschen auf, die sich um das Holz drängten. *„Nicht!"* Der Jugendliche mit der Kapuzenjacke drängte sich durch die Menge.

Seine Freunde kamen zurück. *„Es ist alles ok"*, hörte sie die Jungen flüstern. Was hatten sie vor? Das Gelände der Feuerwehr war kein guter Platz für Streiche.

Sie betrachtete die jungen Männer. Sie mochten vielleicht 16 Jahre alt sein. Alle trugen Stiefel mit glitzernden Schnallen, die schlampig herunterhingen.

LÖSUNG | *Luise hatte in der Kirche eine Schnalle gefunden, die genauso aussah wie die an den Stiefeln der Jungen. Sie vermutete zu Recht, dass die drei Jungen die Figur aus der Kirche gestohlen und unter dem Holz versteckt hatten.*

„Ich weiß aber genau, dass ich sie da versteckt habe", zischte der Junge mit der Kapuzenjacke.

Luise wurde hellhörig. Sie betrachtete die Schuhe der Jungen genauer. Dann holte sie aus der Tasche, was sie in der Kirche gefunden hatte. Sie hatte einen Verdacht und bat den Feuerwehrmann, den Holzstapel zu prüfen, ehe er das Feuer entzündete.

Oldtimer-Rallye

Seit Wochen hatte sich Max Langner auf das Oldtimertreffen gefreut, das im Stadtpark stattfinden sollte. Das waren noch echte, schöne Autos, fand er. Einige von ihnen waren schon Oldtimer, als er ein Kind war. Und heute sollte es sogar eine Rallye geben. Kaum zu glauben, dass diese Autos noch fuhren.

Gespannt mischte er sich unter das Publikum und bestaunte die alten Fahrzeuge. Die meisten Leute scharten sich um einen Opel aus dem Jahr 1936. *Der fährt doch im Leben nicht mehr"*, nörgelte ein Mann in seinem Alter, auf dessen Glatze sich die Sonne spiegelte. Schmunzelnd beobachtete Max Langner einen jungen Mann, der halb unter der geöffneten Motorhaube hing. *„Da haben Sie ja ein schönes Schätzchen"*, sprach Max den Jungen an.

Statt seinen Gruß zu erwidern, sah der Junge erschrocken auf und lief weg. Diese Jugend von heute, dachte Max und drehte sich kopfschüttelnd zu dem Fahrzeug nebenan.

„Nur Autos, die fahren, kommen in die Wertung“, ließ der Glatzköpfige verlauten, der ihm schon vorher durch seine Nörgeleien aufgefallen war.

Max Langner schüttelte den Kopf. Es gab immer Menschen, die etwas zu meckern hatten. Aber die Wertungsjury war bald da, die würde dem Genörgel ein Ende bereiten. Als die Jury vor dem Opel aus dem Jahr 1936 stehen blieb, war der Mann mit der Glatze verschwunden.

Die Jury bat den wirklichen Besitzer des Oldtimers, sein Fahrzeug zu starten. Trotz wiederholter Versuche gab das alte Auto keinen Laut von sich.
„Es tut uns leid, dann können wir Ihr Fahrzeug leider nicht in die Wertung nehmen“, erklärte die Jury dem fassungslosen Besitzer.
„Aber ich habe das Auto doch heute noch gefahren“, erklärte er den Männern und Frauen, die seinen Oldtimer bewerten wollten.

Max Langner sah das entsetzte Gesicht des Opelbesitzers, als die Jury den Opel von der Liste strich. So ein Pech!
Er folgte den Wertungsrichtern zu dem alten Mercedes 500 K nebenan. So ein Auto hatte sein Großvater besessen. Auch ein sehr altes Modell, neben dem der ältere Mann mit Glatze und der junge Mann, der sich zuvor an der Motorhaube des Opels zu schaffen gemacht hatte, standen.
„Kann ich Sie kurz sprechen?“, bat Max Langner die Jury. *„Ich habe einen Verdacht.“*

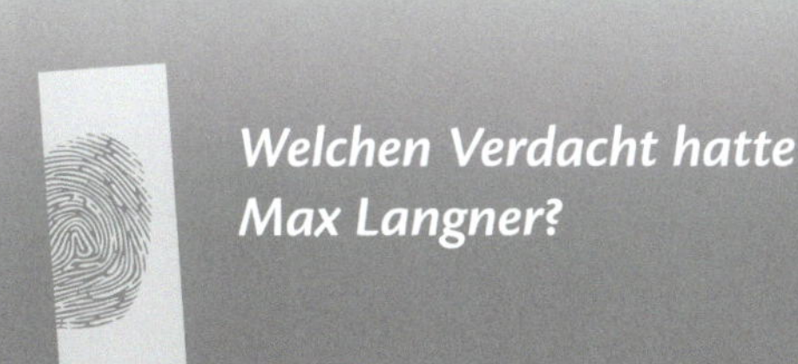

Welchen Verdacht hatte Max Langner?

LÖSUNG | *Max Langner vermutete, dass der junge Mann den Opel manipuliert hatte, damit dieser aus der Wertung fällt und sein Fahrzeug bzw. das seines glatzköpfigen Komplizen gewinnt.*
Bei einer Überprüfung des Opels stellte sich heraus, dass er Recht hatte.
Der Mercedes wurde disqualifiziert und der Opel kam erneut in die Wertung.

Holzdorf in Gefahr

Erich Weber staunte über das Dorf aus Holz, das rund 50 Jungen und Mädchen auf dem brachliegenden Grundstück neben der Seniorenwohnanlage erbaut hatten. *„Da habt ihr ja fast unseren Ort nachgebaut"*, sagte er und lachte. *„Habt ihr denn auch einen Bürgermeister?"* Die Frage lag nahe, war er doch selbst Bürgermeister des kleinen Örtchens Holzhausen.

Plötzlich fiel ein Stein vor seine Füße, der mit einem Papier umwickelt war. Er hob ihn auf und sah sich suchend um. *„Wer war das?"*, wollte er wissen.
Doch die Kinder auf dem Marktplatz des Holzdorfs waren genauso überrascht wie der Bürgermeister.

Entsetzen schlich sich in viele Kindergesichter, als er den Stein auswickelte und vorlas, was auf dem Zettel stand: *„Zahlen Sie 2 000 Euro oder Holzdorf geht unter! Hat jemand gesehen, wer den Stein geworfen hat?"*
Die Kinder schauten sich ratlos an.

Ein etwa 13-jähriger Junge, der abseits von den anderen stand, meldete sich. Amüsiert sah Erich Weber grüne Farbflecke an seinen Fingern. So hatten seine Hände früher auch ausgesehen. *„Ja, was möchtest du sagen?"*
„2 000 Euro. Das ist doch nichts. Das zahlt mein Vater mit links", ließ sich der Junge vernehmen.
Die Kinder verdrehten die Augen. *„Angeber"*, riefen sie. *„Verschwinde."*
„Dann soll er doch zahlen!", rief ein Mädchen aus der Gruppe dem Jungen bissig zu.
Erich Weber hörte die Betreuerin neben sich seufzen. *„Leonie und Heiner sind wie Katz und Hund."*
Der Bürgermeister betrachtete den Zettel in seiner Hand. Die Buchstaben waren in grüner Farbe mit der Hand geschrieben. Jemand hatte versucht, die Schreibschrift eines Erstklässlers nachzuahmen. Das H stach ihm ins Auge, weil es flüssig und geneigt war, als hätte jemand den Buchstaben schon oft geschrieben und vergessen, sich zu verstellen.

Wen verdächtigte Erich Weber?

Er beobachtete die Kinder. Bis auf den Jungen mit den grünen Fingern tuschelten alle miteinander und überlegten, wer der Spielverderber sein könnte.

Es konnte nur eines der Kinder vom Platz gewesen sein, niemand hatte einen Fremden bemerkt. In dem Gewusel fiel es nicht auf, wenn jemand ihm einen Stein vor den Fuß rollte. Noch einmal sah er die Kinder und die Schrift auf dem Zettel an, dann bat er eines der Kinder zu sich, um es mit seinem Verdacht zu konfrontieren.

LÖSUNG | *Erich Weber verdächtigte Heiner, weil er grüne Farbe an den Fingern hatte und weil sein Name wie Holzdorf mit „H" anfängt, was das schön geschriebene „H" erklärt. Es stellte sich heraus, dass Heiner sich rächen wollte, weil die anderen Kinder ihn die ganze Bauzeit über nicht in ihre Gruppe aufgenommen hatten.*

Abb.: © Dorothee Wolters

Dorfplatz ohne Maibaum

Wolfgang Tänzer war auf dem Weg in den Wald. Heute sollte der Maibaum für den Marktplatz geschlagen und in die Innenstadt gebracht werden. Das war immer eine geheime Veranstaltung, an der nur wenige teilnehmen durften. Die Plätze wurden ausgelost und in diesem Jahr hatte er endlich einen bekommen. Eigentlich war das nur zum Spaß, das Ganze, aber man wollte verhindern, dass Menschenmassen in die Schonung pilgerten.

Verwundert blickte er auf eine kleine, ratlos dreinblickende Gruppe, als er sein Ziel erreichte. Man hatte ihm die Stelle unter dem Siegel der Verschwiegenheit mitgeteilt.

„Wo ist der Baum? Wieso ist der schon weg?", fragte Wolfgang.
Die Mitarbeiter des Technischen Hilfswerks, die für den Transport zuständig waren, und die Passanten zuckten nur mit den Schultern. *„Wir haben den Baum gefällt und eine Pause eingelegt"*, erklärte eine Frau in THW-Uniform.

Abb.: © Magnus Siemens

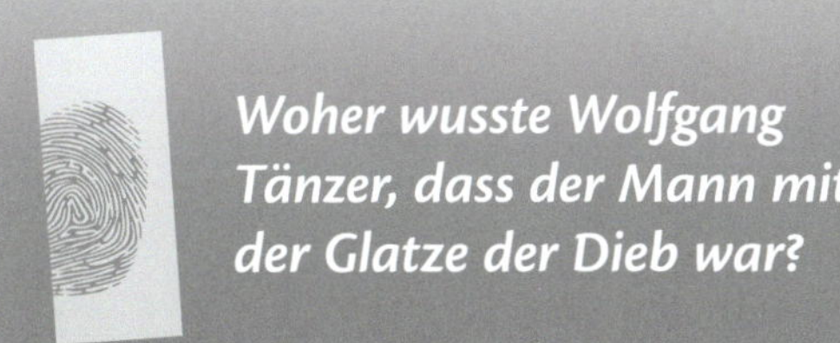

Woher wusste Wolfgang Tänzer, dass der Mann mit der Glatze der Dieb war?

„Als wir zurückkamen, war der Baum vom LKW verschwunden."
„Unfassbar", schimpfte ein Zuschauer und wischte sich mit einem Stofftaschentuch über die Glatze.
„Musst du gerade sagen", erwiderte ein Mann, dessen Gesicht unter der Kappe mit dem Emblem eines Jachtclubs kaum zu sehen war. *„Du hast doch gemeckert, das wäre Umweltzerstörung."*
„Ist es auch. Und du wolltest diesen Baum doch für euren Club", gab der Mann mit der Glatze zurück.
„Wo warst du eigentlich beim Essen?", erkundigte sich der Zuschauer mit der Kappe.
„Ich habe jedenfalls wie alle meine Curry-Pommes gegessen."
„Nun mal ruhig", mischte sich die Frau vom THW ein. *„Wer wusste denn, dass wir den Baum hier abholen?"*

Das fragte sich Wolfgang Tänzer auch. Er betrachtete die Männer genauer.

Der Glatzkopf holte eine Dose aus der Tasche und aß ein Käsebrot, während die anderen Spuren suchten.
„Hier sind Reifenspuren", rief einer der Blauröcke. *„Sieht aus wie von einem Bootsanhänger."*
Alle Blicke richteten sich auf den Mann mit der Kappe. Nur Wolfgang Tänzer erkundigte sich bei dem Glatzkopf, wo der Baum war.

LÖSUNG | *Wolfgang Tänzer fiel auf, dass der Mann mit der Glatze noch etwas aß, obwohl die Männer gerade erst vom Essen kamen. Der Mann war der Dieb. Er wollte verhindern, dass die Natur durch die Beleuchtung noch mehr geschädigt wird.*

Ein Clown zu viel

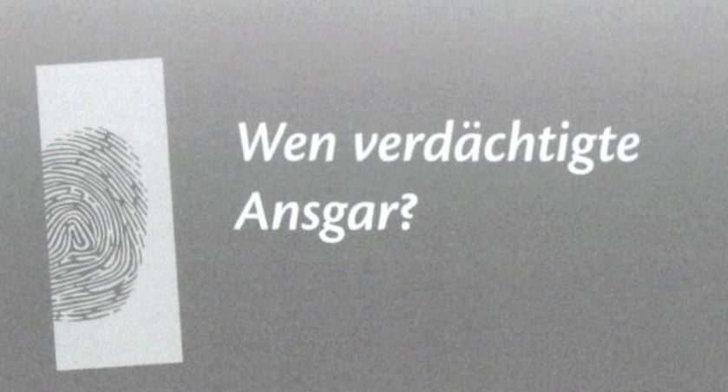

Ansgar verließ beschwingt die *„Gala der Clowns“* in der Stadthalle. Amüsiert beobachtete er, wie die Clowns um das Haus herumliefen. Ein Clown, der im Dunkeln wirkte, als habe er einen Gipsfuß, schien es eilig zu haben. Er humpelte schnell auf einen hellroten Kleinwagen mit Münchener Kennzeichen zu. *„Merkwürdig!“*, dachte Ansgar. Da kam eine Frau aus der Stadthalle und rief: *„Die Kasse wurde gestohlen.“* Sofort scharten sich alle Clowns um sie.

Ansgar zählte zehn Clowns. So viele waren auf der Bühne gewesen. Da hatte sich jemand die Maskerade zunutze gemacht für den Überfall. Der Täter musste in dem Fahrzeug geflohen sein.

Am nächsten Tag musste Ansgar zur Polizei zu einer Gegenüberstellung. Sie hatte drei verdächtige Fahrer ermittelt, die ein Münchener Auto besaßen. Ansgar achtete vor allem auf die Füße der Autofahrer. Eine 19-Jährige tänzelte mit offenen Schuhbändern vorbei. Eine 60-jährige Frau stampfte schimpfend auf und ein etwa 40-Jähriger setzte langsam und vorsichtig einen Fuß vor den anderen. Ein Verdacht keimte in Ansgar auf, der sich wenig später als wahr erwies.

LÖSUNG | *Er verdächtigte den 40-Jährigen, weil er so langsam ging, als wollte er ein Humpeln vertuschen.*

Rechen-Geschichten

Operetten-Ausflug

„Ich freu mich so auf ‚Im weißen Rössl', auch wenn es schade ist, dass Peter Alexander nicht mehr mitsingen kann", schwärmte Bärbel und zwinkerte ihrer Freundin Annemarie zu. Die beiden waren auf dem Weg zum Rathaus. Dort sollten die Busse abfahren, die sie für den Ausflug der Frauengemeinschaft ins Theater bestellt hatten. Ehe Annemarie antworten konnte, hatten sie das Ziel erreicht.

Vor dem Rathaus tummelten sich lauter Frauen in ihrem Alter. Eine von ihnen, die polterige Renate, empfing sie mit der Frage: *„Wann kommen die Busse denn endlich? In zehn Minuten ist Abfahrt."*

Annemarie blickte auf die Uhr. Hätte sie nur nicht so lange ihre Haare toupiert! Es waren wirklich nur noch wenige Minuten bis zur Abfahrt.
36 Frauen hatten sich für die Fahrt angemeldet und sie hatte zwei kleine Busse bestellt, in denen je 18 Fahrgäste Platz hatten.

„Die Fahrer sollten eine halbe Stunde vor dem Start hier sein", erklärte Annemarie. Sie nahm einige Blätter aus ihrer Handtasche. Bärbel sah ihr über die Schulter. *„Da steht es. Ankunft der Fahrer 11.30 Uhr. Jetzt ist es 11.55 Uhr und weit und breit ist kein Bus zu sehen. Ruf doch mal an."*

Nervös nestelte Annemarie ihr Handy aus der Tasche und drückte den Einschaltknopf. Nichts tat sich. Wann hatte sie es zum letzten Mal gebraucht? Es lag immer in der Handtasche für Ausflüge. So oft sie auch drückte, das Gerät gab keinen Mucks von sich.

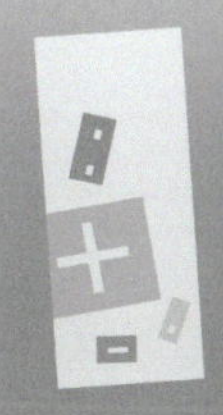

Wie viele Taxis müssen die 36 Frauen bestellen, wenn in jedem Auto drei Teilnehmer mitfahren?

LÖSUNG | 36 : 3 = 12 Taxis

„Lass mich mal!“, drängte sich Renate vor. Sie nahm Annemarie das Blatt aus der Hand. Gewandt wählte sie mit ihrem schicken Handy die Telefonnummer.

Die Frauen sahen Renate gespannt an. *„Was ist los?“*, erkundigte sich Bärbel, als Renate das Handy zuklappte.
„Die haben uns vergessen!“
Annemarie schüttelte ungläubig den Kopf. *„Aber ich habe mehrmals mit denen telefoniert und da steht es doch schwarz auf weiß!“*
Renate nickte. *„Eine Aushilfe hat die Busse doppelt vergeben. Wir sollen uns Taxen bestellen und die Rechnungen an das Unternehmen schicken lassen.“*

Die Aussicht, statt in einem wackeligen Bus in einem gemütlichen Taxi zur Operette zu fahren, ließ die Stimmung unter den Wartenden steigen.
Annemarie war noch immer sprachlos. Bärbel begann, zu rechnen. *„Wir sind 36 Frauen. In ein Taxi passen vier Mitfahrer. Da brauchen wir ja neun Taxis!“*
„Vier, das wird zu eng“, rief eine der etwas dickeren Frauen. *„Lass uns von drei Personen pro Wagen ausgehen. Wie viele Fahrzeuge brauchen wir dann?“*

Der goldene Kranz

„Prost!“ Christine hob das Glas mit dem roten Likör in die Höhe. Sie nickte den sechs Frauen und drei Männern zu, die sich um ihren Esstisch versammelt hatten.

Die Gruppe hatte sich bei Christine getroffen, um Vorbereitungen für die goldene Hochzeit der gemeinsamen Nachbarn Werner und Gudrun zu treffen. Einige Männer waren ausgeschwärmt, um Tannengrün zu besorgen. Daraus sollte ein Kranz gebunden werden, der am Festtag die Haustür der Nachbarn zieren würde.
Die Aufgabe der übrigen Nachbarn war, aus goldenem Krepppapier Röschen zu basteln. *„Ich schneide das Papier“*, verkündete Hubert. Er stellte das Likörglas ab und griff nach der Schere. *„Dann schneide ich den Draht, mit dem die Röschen gebunden werden“*, ließ Bernhard verlauten. Josef bot sich an, für Getränkenachschub zu sorgen.

Die drei Männer waren sich einig, dass das eigentliche Drehen der Röschen Frauensache war. Hubert machte sich gleich an die Arbeit und zerschnitt die ersten Krepppapierstangen.
Maria rollte das erste, etwa 10 Zentimeter breite Kreppstück zu einer Rose. Die anderen Frauen folgten ihrem Beispiel. Christine holte die Käsehäppchen aus der Küche.
„Oh, ihr habt schon die ersten Röschen fertig“, staunte sie nach ihrer Rückkehr. Sie hob eine der Krepprosen hoch. *„Die sind zu groß!“*, schimpfte sie und wandte sich an Hubert. *„Du musst kleine Rollen schneiden, sonst reicht das Papier nicht.“*
„Auf eine Rose mehr oder weniger kommt es ja wohl nicht an“, brauste Hubert auf. Christine presste ihre Lippen aufeinander. *„Dann macht, was ihr wollt“*, quetschte sie hervor. *„Wir haben ausgerechnet, dass wir 100 Röschen brauchen.“*
„Ach, Christine, das kriegen wir schon hin“, versuchte Maria, ihre Nachbarin zu beruhigen. *„Notfalls lassen wir die Röschen an den Bäumen weg.“*

Christine ließ sich nicht darauf ein. *„Dann hätten wir vorher nicht rechnen müssen. Ich habe mir genau überlegt, wie viel Papier ich kaufe. 20 Rollen á fünf Röschen ergeben genau 100 Stück.“*

Hubert verdrehte die Augen. Diese Christine machte aus allem eine Schau. Er hatte fünf Rollen in vier Teile geschnitten. Das wurden 20 Röschen. Als ob es auf die paar Röschen ankam!

1. ***Hubert soll die 15 verbliebenen Krepppapierrollen in je fünf Teile schneiden. Wie viele Röschen können die Frauen daraus noch basteln?***
2. ***20 Röschen hatte Hubert bereits aus den ersten Krepppapierrollen geschnitten. 75 neue Röschen sollen noch hinzukommen. Wie viele Röschen können insgesamt gebastelt werden?***
3. ***Christine hatte ursprünglich geplant, 100 Röschen zu basteln. Nun sind es nur 95 Röschen geworden. Wie viele Röschen wurden versäumt?***

LÖSUNG | 1. $15 \cdot 5 = 75$ Röschen
2. $20 + 75 = 95$ Röschen
3. $100 - 95 = 5$ Röschen

Weltspartag

„Heute ist Weltspartag", erklärte die Mutter Ingeborg, Anton und Beate, als sie am Mittagstisch saßen.
Die drei grinsten sich an. Endlich würde sich zeigen, wer von ihnen das Jahr über mehr gespart hatte. Außerdem erwartete sie ein Geschenk von der Bank. Die 12-jährige Ingeborg hoffte auf eine Kinokarte wie beim letzten Mal, der 9-jährige Anton schwärmte von dem Riesenflummi, der ihm leider in den Bach gefallen war, und die 6-jährige Beate dachte an den Plüschdelfin aus dem letzten Jahr, der nach einem Kakao-Unfall nicht mehr schön aussah.

Nach dem Abspülen des Geschirrs, noch vor den Hausaufgaben, machte sich die Familie auf den Weg. Jedes Kind trug seine Spardose, für dessen Schloss nur die Mitarbeiter der Bank einen Schlüssel hatten.
In der Bank stellte die Mutter Beates Dose als erste auf den Tresen. *„Fangen Sie bitte damit an, die beiden Großen werden sich ohnehin nur streiten."*
Ingeborg und Anton streckten sich hinter dem Rücken der Mutter die Zunge heraus. Jeder deutete auf sich, um zu zeigen, dass er das meiste Geld gespart hatte.
Aus Beates Dose fielen viele kleine Münzen, aber auch der Fünf-Mark-Schein, den ihr Patenonkel hineingesteckt hatte.

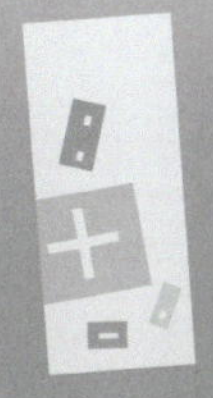

1. ***Wie viel Geld war in Ingeborgs Spardose?***
2. ***Und welches Kind bekommt das versprochene Eis?***

LÖSUNG | 1. 11,72 Mark sind in ihrer Spardose.
2. Die kleine Beate bekommt das Eis. Mit 12,38 Mark hat sie den höchsten Betrag in ihrer Spardose.

„*12 Mark und 38 Pfennig*", erklärte die Bankmitarbeiterin. Das hörte Beate schon nicht mehr, weil sie entzückt den grauen Delfin aus Plüsch in Empfang nahm.
„*Und jetzt?*" Die Frau hinter dem Tresen sah Ingeborg, Anton und deren Mutter fragend an.
Anton öffnete den Mund, doch seine Mutter kam ihm zuvor. „*Nehmen Sie irgendeine!*"
Ingeborg und Anton hielten den Atem an.
Die Frau griff nach Antons Laterne aus Metall. Ingeborgs kupferne Schatzkiste stellte sie beiseite.

Als die Bankmitarbeiterin die Metalllaterne aufschloss, fielen nur wenige Silbermünzen heraus, dafür viele Groschen und Pfennigstücke. Sie zählte alles zusammen. „*11 Mark und 72 Pfennig.*"
„*Ich habe dir gesagt, du sollst dein Geld sparen und nicht ans Büdchen bringen*", kommentierte die Mutter den Betrag.

Ingeborg drückte sich die Daumen. Die Eltern hatten dem Kind, das am meisten sparte, ein Eis versprochen. Das gab es nicht oft.
Sie versuchte, sich zu erinnern, ob ein Schein in ihrer Dose war. Wann hatte sie selbst zuletzt etwas eingeworfen?
Tatsächlich zog die Bankmitarbeiterin auch aus ihrer Dose einen Fünf-Mark-Schein.
Daneben legte die Frau vier Markstücke, ein Zwei-Mark-Stück, ein 50-Pfennig-Stück, zwei Groschen und zwei einzelne Pfennige.
Ingeborg rechnete im Kopf die Summe aus.

Schützenkönig

Nervös zappelte Karlheinz neben dem Schießplatz. Bei jedem Schuss johlte die Menge und seufzte, wenn der Rest des Vogels weiter auf der acht Meter hohen Stange blieb. *„Das gibt's doch nicht, einer muss doch endlich den Vogel runterholen"*, schimpfte Gerhard, der gleich zu Anfang den Apfel abgeschossen hatte. Das war, als sie noch mit der Kleinkaliberwaffe hantierten. Erst nachdem Zepter, Apfel und Krone erlegt waren, wurden die Gewehre mit Schrot geladen.

Karlheinz nickte bedrückt, weil der Vogel immer noch auf der Stange saß.
„Das wird schon", versuchte Hans, die anderen aufzumuntern.
Während Gerhard sich entspannte, blieb das Gesicht von Karlheinz sorgenvoll.

„Was guckst du wie sieben Tage Regenwetter?" Hans klopfte ihm auf die Schulter. *„Ist doch ein super Tag. Bombenwetter und, unter uns, für deinen Bierstand und unsere Kasse ist es gut, wenn der Vogel sich so lange ziert."*

Karlheinz seufzte. Hans hatte ja Recht. Mit jedem Schuss kam eine Mark in die Vereinskasse und je länger das Schießen dauerte, desto durstiger wurden die Zuschauer. Trotzdem! Die acht Kisten mit je 50 Schuss, die er vorab bestellt hatte, neigten sich

1. ***Karlheinz hatte vorab acht Kisten mit je 50 Schuss bestellt. Wie viele Patronen hätten verschossen werden können?***
2. ***Wie viele Patronen waren übrig?***

bedrohlich dem Ende zu. Hätte er nur länger mit Kleinkaliber schießen lassen! Aber das war jetzt nicht zu ändern. Den Tumult wollte er sich nicht vorstellen, wenn er kurz vor dem Finale die Munition wechselte.

LÖSUNG | 1. 8 · 50 = 400 Patronen
2. 400 – 397 – letzter Schuss = 2 Patronen

Gerade wurde der 397. Schuss abgegeben. Wenn der Vogel nicht bald fiel …
„Ich glaube, er wackelt", rief Hans und rannte zur Vogelstange. Er bückte sich, hob ein Stück Holz auf und blickte in die Höhe. Karlheinz folgte gespannt seinem Blick. Hans schüttelte den Kopf und gab das Zeichen, dass sie weiterschießen mussten.

Der Schießwart legte die nächste Ladung ein. Karlheinz rechnete aus, wie viele Schuss noch abgegeben werden konnten. Da jubelte die Menschenmenge und er erkannte, dass ein dickes Holzstück zu Boden fiel. Die Stelle, an der eben noch die Reste des Holzvogels gewesen waren, war leer.

Karlheinz schickte ein Stoßgebet zum Himmel und zählte die restlichen Patronen. Um ein Haar und wenige Schießladungen war er einer Blamage entgangen.

Der 70. Geburtstag

„Ich weiß nicht!" Elisabeth seufzte und sah zu Hermann hinüber, der eine Liste mit Namen vor sich liegen hatte.
Die beiden erstellten die Gästeliste für Elisabeths 70. Geburtstag.
„Wenn ich Agnes einlade, muss ich auch Roswitha Bescheid sagen und die kommt nicht ohne ihren Mann." Elisabeth stöhnte. *„Sag du doch auch mal was."*

Hermann schüttelte den Kopf. *„Das ist dein Geburtstag. Du bestimmst, wen du einlädst. Hauptsache, du vergisst meine Familie nicht!"*
„Ach, Hermann, das ist auch ein Theater. Dein Bruder Karl bringt seine Freundin mit, über die sich deine Schwester Inge das Maul zerreißt. Und dann die ganzen Kinder, müssen die wirklich dabei sein?" Sie schaute bittend zu ihrem Mann.

„Auf die 15 Leute kommt es wohl nicht an!" Hermann legte mit Nachdruck den Stift auf das Blatt. *„Mach doch deinen Mist alleine."*
Schnell lenkte Elisabeth ein. *„Ist ja gut, 15 aus deiner Familie und 25 aus meiner Familie, das sind schon mal 40 Personen. Wie viele Einladungen soll ich denn eigentlich drucken lassen?"*

Hermann verdrehte leicht die Augen. Aber so, dass Elisabeth es nicht sah. Auf was hatte er sich da eingelassen? Seinen Geburtstag hatten sie zu Hause gefeiert. Wer kam, kriegte einen Teller Erbsensuppe aus der Gulaschkanone vom Roten Kreuz. Aber für seine Holde musste es ein Fest in der Kneipe sein. Mit Einladungen!

„Wenn die Kegelfrauen ihre Männer mitbringen, sind das 20 Gäste." Elisabeth hob die Finger, als könnte sie daran die Anzahl der Gäste ablesen.
„Vergiss die Nachbarn nicht, da kommen schnell 20 Leute zusammen. Wenn es was zu feiern gibt, sind die gleich dabei", erinnerte Hermann sie. Er hatte Recht. Und die beiden Patenkinder mit ihren Lebensabschnittsgefährten, wie man heute sagte, kamen auch.

Wie viele Einladungen kann Elisabeth denn überhaupt noch verschicken, nachdem sie die fest eingeplanten Gäste bestückt hat?

Hermann räusperte sich. *„Ich will ja nicht drängen, aber wir müssen heute durchgeben, wie viele Einladungen gedruckt werden sollen!"*

„Das schaffe ich nicht", stöhnte Elisabeth. *„Das musst du verschieben!"*

„Am besten verschieben wir deinen Geburtstag, die Einladungen kommen sowieso nicht mehr vorher an", schlug Hermann mit einem verschmitzten Lächeln vor. *„Oder wir lassen 100 Einladungen drucken, mehr Leute passen ohnehin nicht in den Saal!"*

Elisabeth versuchte, an Hermanns Gesicht zu erkennen, ob er sie auf den Arm nahm. Der Vorschlag war wirklich ernst gemeint und nicht so dumm.

„Na gut, ruf an und bestell 100 Karten!" In Gedanken ging sie durch, wen sie fest eingeplant hatte: 40 Personen Familie, 20 Nachbarn, 20 Kegelfrauen und zwei Patenkinder mit deren Lebenspartnern.

LÖSUNG | 100 – 84 = 16 Einladungen

Wenn sie wollte, könnte sie also noch ihre ehemaligen Arbeitskolleginnen einladen oder die nette Friseurin, vielleicht machte die ihr dann sogar die Haare kostenfrei.

Der erste Arbeitstag

„Telefon!“, rief Johannes durch die Bäckerei, so laut das eben ging, morgens früh um vier Uhr, wenn man nicht gewohnt war, so früh aufzustehen. Es war schließlich sein erster Arbeitstag als Bäckerlehrling. Ausgerechnet jetzt war der Meister kurz rauf in die Wohnung gegangen, um einen Kaffee zu trinken.
„Bäckerei Horstkamp!“, meldete sich Johannes nach einigem Zögern.
„Eier-Maschner“, hörte er vom anderen Ende der Leitung. Der Eiermann.
„Wie viel soll ich euch denn bringen lassen?“, fragte die Frau von Eier-Maschner.
Johannes wischte sich mit der freien Hand über die Stirn. Was hatte der Meister noch gesagt, wie viele Eier sollte er bestellen? Wenn er das so genau wüsste! Die Zahl Acht spukte in seinem Kopf herum. Aber das konnte nicht sein. Allein für die Brötchen brauchten sie 15 oder 20 Eier.
„80“, bat er schließlich. Er war sich zu 99 Prozent sicher, dass der Meister 80 gesagt hatte.
„80?“ Die Frauenstimme klang ungläubig.
„Genau! 80!“, wiederholte Johannes die Bestellung. Nun war er sich sicher, dass der Chef die Zahl 80 genannt hat. Zufrieden wartete er darauf, ihm seine Heldentat zu berichten.

Da kam der Chef endlich! Allerdings war keine Zeit für Berichte über Heldentaten, denn an allen Öfen schrillten die Glocken gleichzeitig.
„Schnell, wir müssen die Brötchen rausnehmen und die Öfen neu befüllen!“, forderte der Meister Johannes auf. Hand in Hand arbeiteten sie, bei jedem Blech wurde Johannes sicherer. Endlich waren alle Öfen wieder bestückt.

„Ach, Meister“, begann Johannes, doch da klingelte es laut und durchdringend an der Tür zur Backstube.
„Das werden die Eier sein“, freute sich Bäcker Horstkamp. „Frisch vom Bauern. Genau passend für unsere Torten.“
Als er jedoch die Tür öffnete und den LKW draußen sah, verging ihm die Freude.

Wie viele Eier hat Johannes denn bestellt?

„Äh, was ist das denn?"
„Die Lieferung. Ihr habt ja wohl einen Großauftrag, wenn ihr so viel Paletten Eier braucht."

Johannes schluckte. Er hatte anstatt 80 einzelne Eier versehentlich 80 Paletten mit Eiern bestellt. Auf einer Palette waren 30 Eier! Das waren ja …? Er mochte nicht ausrechnen, wie viele Eier er bestellt hat! Die reichten auf jeden Fall für viele Kuchen.

LÖSUNG | $80 \cdot 30 = 2\,400$

Abb.: © Anja Boretzki

Die Lebkuchenstadt

Annelore erinnerte sich gut an das letzte Weihnachtsfest im Seniorenstift. Außer einem dürren Tannenbaum mit spärlicher Beleuchtung gab es keinen Weihnachtsschmuck. Das sollte in diesem Jahr anders werden. Das hatte sie sich fest vorgenommen. Sie wusste genau, was ihnen fehlte: Eine Lebkuchenstadt, wie ihre Mutter sie früher immer zu Weihnachten gebastelt hatte.

„Wir haben damals selbst Lebkuchen gebacken", schwärmte Annelore ihren Mitbewohnern vor. *„Das war herrlich."* Sogleich verfinsterte sich ihr Gesicht.

An Backen war in dem Seniorenstift nicht zu denken. Da gab es keinen solchen Ofen, wie ihre Mutter ihn gehabt hatte.
„Dann musst du halt schön viele Lebkuchen für uns kaufen!", stellte Erich trocken fest. Annelore seufzte. Dass dieser Erich ihr immer den Spaß verderben musste. Ein richtiger Miesepeter war das. *„Dann kaufe ich die eben."*

Die anderen sahen sich an. Jeder wusste doch, dass Annelore wenig Geld hatte.
„Wie viele Lebkuchen brauchst du denn für deine Stadt?", wollte Trude wissen.
Annelore sah sie dankbar an. Endlich jemand, der mitdachte und nicht alles schlechtredete.
„Jedes Haus hat vier Wände und zwei Dachhälften, also sechs Plätzchen pro Haus."
„Und wie groß soll die Stadt werden? Zehn Häuser, zwanzig Häuser? Ab wann wird eigentlich aus einem Kaff eine Stadt?" Das fragte natürlich dieser Erich. Wer sonst?
„Bei uns zu Hause gab es für jedes Familienmitglied ein Haus, für die Eltern, uns acht Kinder, vier Tanten, drei Onkel, die Großeltern und auch für die drei Mägde und sechs Knechte", erinnerte sich Annelore.
„Wir brauchten also 30 Häuser à sechs Lebkuchen für eine Lebkuchenstadt."
„Das heißt, wir brauchen 180 Lebkuchen!", stellte Trude fest.
„Dann fangt ihr am besten gleich an, zu sparen!" Erich winkte mit dem verpackten

Wie viele Tage müssen die 30 Senioren ihre Lebkuchen aufsparen, bis die 180 benötigten Lebkuchen gesammelt sind?

Lebkuchen, den jeder Bewohner seit Herbstanfang jeden Tag zum Mittagskaffee bekam. Ein zufriedenes Lächeln ging über Annelores Gesicht. Das war überhaupt die Idee. Wenn alle 30 Bewohner des Seniorenstiftes ihre Plätzchen aufsparten, hatten sie im Nullkommanichts genug Wände und Dächer für eine Lebkuchenstadt zusammen.

LÖSUNG | 180 : 30 = 6 Tage

Annelore frohlockte. In einer Woche war Nikolaus, vielleicht hatten sie sogar bis dahin schon genug zusammen für eine Lebkuchenstadt.

Renovierung

„Guck mal, der Teppichboden! So einen habe ich mir schon immer gewünscht!“ Klara zerrte ihren Mann Eugen zu einer großen Rolle mit Auslegeware in dem Einrichtungshaus. *„Dann nehmen wir den Teppich“*, seufzte Eugen.

„Guck mal, wie weich der ist. Und die Farbe passt genau zu unserem Kleiderschrank.“ Klara kam aus dem Schwärmen nicht heraus. Seit zwei Stunden waren sie unterwegs, um einen Teppichboden für ihr Schlafzimmer auszusuchen.

Eugen machte einem Verkäufer ein Zeichen. *„Den nehmen wir!“*
„Eine gute Ware!“, meinte der Mann dienstbeflissen und zückte einen Block. *„Welche Maße hat Ihr Zimmer denn?“*
„Wir brauchen 18 Quadratmeter“, antwortete Eugen und hielt dem Verkäufer einen Plan seiner Wohnung hin.

„Das ist prima, dass Sie gleich den Grundriss mitgebracht haben, dann können wir den Teppich richtig zuschneiden“, freute sich der Verkäufer. *„Sollen wir ihn auch verlegen?“*
„Nein, nein!“, winkte Eugen ab. *„Das macht unser Schwiegersohn.“*
„Na gut, dann rechne ich Ihnen mal aus, was der Teppich kostet. Bei 10 Euro pro Quadratmeter ist das ja nicht so schwer.“ Der Verkäufer zwinkerte Klara zu.

„10 Euro, das ist ja nicht viel für solch einen schönen Teppichboden“, meinte Klara. *„Der sähe im Wohnzimmer sicher auch schön aus.“*

Eugen verdrehte die Augen. Hätte er Klara nur nicht mitgenommen in das Einrichtungshaus. Warum hatte er sich bloß darauf eingelassen, das Schlafzimmer zu renovieren?

Wie viel muss Eugen an der Kasse für den Teppichboden bezahlen?

Der Verkäufer suchte auf dem Plan schon das Wohnzimmer. *„Da brauchen Sie noch mal 30 Quadratmeter“*, erklärte er und deutete auf die Zeichnung. *„Ich empfehle Ihnen, den Flur auch noch auszulegen, dann ist auch der Weg vom Wohnzimmer ins Schlafzimmer ganz weich. Und die 12 Quadratmeter machen den raten auch nicht fett.“*

Klara war gleich Feuer und Flamme, während Eugen ausrechnete, was ihn der Besuch in der Teppichabteilung kosten würde. 18 Quadratmeter das Schlafzimmer, 30 Quadratmeter das Wohnzimmer und 12 Quadratmeter der Flur mal 10 Euro. Am besten schlug er gleich ein, bevor Klara auf die Idee kam, auch noch das alte Gästezimmer und die Küche mit dem Boden auszulegen.

LÖSUNG | $18\,m^2 + 30\,m^2 + 12\,m^2 = 60\,m^2$
$60 \cdot 10\,€ = 600\,€$

Zeitschriftenabo

Wie viel zahlt Leonore Wagner am Kiosk, wenn sie 50 Wochen lang fünf Euro für beide Zeitschriften ausgibt?

Es läutete an der Wohnungstür von Leonore Wagner. *„Einen Moment, ich komme gleich!"*, rief die alte Dame. Neugierig spähte sie durch den Spion.

Vor der Tür stand die Briefträgerin. *„Schauen Sie mal, was ich hier habe"*, sagte sie. Leonore Wagner sah eine bunte Karte mit Zeitschriften.
„Da gibt es ein Sonderangebot", erzählte die Briefträgerin. *„Vielleicht wäre das etwas für Sie."*

Leonore Wagner bedankte sich und ging in die Küche. Sie setzte sich an den Tisch und schaute sich das Angebot ganz genau an. *„Bestellen Sie jetzt eine Fernsehzeitschrift und ein Rätselheft und Sie bekommen jede Woche zwei Hefte ins Haus geliefert. Für nur 340 Euro im Jahr"*, las Leonore Wagner. Die Fernsehzeitschrift kaufte sie sich jeden Freitag am Kiosk. Zwei Euro kostete ein Heft, aber es war viel besser als das dünne Ding aus der Tageszeitung. Und das Rätselheft kannte sie. Es kostete drei Euro in der Woche. Das konnte sie sich nicht so oft leisten. Nur an Festtagen. In Gedanken rechnete sie aus, was sie einsparen könnte, wenn sie das Sonderangebot annehmen würde statt 50-mal im Jahr die Hefte zu kaufen. Danach warf sie die Karte mit dem Sonderangebot weg.

LÖSUNG | (2 € + 3 €) · 50 = 250 €
Damit ist das Angebot aus dem Rätselheft überteuert.

WISSENS-RATEREIEN

Zwischen Film und Palast

Als kleines Mädchen ahnte sie noch nicht, dass sie später einmal in einem Palast leben würde. Damals lebte sie mit ihren Eltern in Philadelphia, wohin ihr schwäbischer Großvater lange vor ihrer Geburt ausgewandert war. Sie träumte davon, Filmschauspielerin zu werden. Dabei war sie oft krank, trug eine Brille und war eher schüchtern.

Aber sie lernte früh Disziplin und zeigte eine Willensstärke, die man bei ihr nicht vermutet hätte. So schaffte sie den Sprung auf die Bühne und auf die Leinwand.

Mit 23 Jahren war sie das erste Mal in einem Film zu sehen, als sie neben Gary Cooper in dem Western *„Zwölf Uhr mittags"* spielte. Bereits zwei Jahre später erhielt die junge Frau für ihre Nebenrolle in dem Film *„Mogambo"* den begehrten *„Golden Globe"*. Selbst einen Oscar, den höchsten Filmpreis, bekam sie in ihrem Leben als Schauspielerin. Er wurde 1955 für ihre Leistung in *„Ein Mädchen vom Lande"* verliehen.

Viele Filme, in denen sie mitspielte, sind heute Filmklassiker, wie *„Bei Anruf Mord"* ihres Freundes Alfred Hitchcock oder *„Über den Dächern von Nizza"*.

Im Mai 1955 lernte die 25-Jährige bei einem Pressetermin ihren zukünftigen Ehemann kennen. Dessen Rolle in dem kleinen Fürstentum erlaubte es nicht, dass sie ihre Filmkarriere fortsetzte. Sie zog mit ihrer Rolle in dem Film *„Die oberen Zehntausend"* einen Schlussstrich unter diesen Lebensabschnitt, um fortan die Rolle einer First Lady, immer im Licht der Öffentlichkeit, zu übernehmen. Schon auf ihrer Seereise von New York nach Monaco wurde sie von 100 Journalisten begleitet, die sie und ihre Familie in den kommenden Jahren kaum in Ruhe ließen.

Wo immer sie auftrat, stand sie im Mittelpunkt, bei offiziellen Anlässen mit ihrem Ehemann Fürst Rainier ebenso wie bei den Wohltätigkeitsveranstaltungen, die sie unterstützte. Und das, obwohl sie anfangs mit der Landessprache Französisch nur schlecht zurechtkam.

Schnell hieß es von ihr, sie sei hochmütig und arrogant. Keiner sah, dass sie noch versuchte, sich an das neue Leben an der Seite eines dominanten Ehemanns und ohne Filmarbeit zu gewöhnen. Ihre Zeit nutzte sie unter anderem, um ihre Kinder Caroline, Albert und Stéphanie zu erziehen. Dafür ließ sie im Palast extra einen eigenen Kindergarten einrichten.

Es dauerte einige Jahre, bis sie die Anerkennung des Volkes erlangt hatte. Besonders kritisch wurden ihre Pläne für eine Rückkehr auf die Leinwand beäugt. Erst in den 1960er-Jahren versöhnten sich die Monegassen mit ihrer Fürstin, zumal diese die Bekanntheit des kleinen Landes enorm steigerte. Als sie am 14. September 1982 nach einem schweren Autounfall starb, trauerte das ganze Volk. Viele besuchten sie ein letztes Mal in der Schlosskapelle, wo sie drei Tage aufgebahrt wurde. Die Trauerfeier für die First Lady des Fürstentums Monaco wurde im Fernsehen übertragen und fand ca. 100 Millionen Zuschauer.

Wer war diese Frau, die uns noch heute mit ihren Filmen begeistert, obwohl sie den größten Teil ihres Lebens in einem Palast statt am Filmset verbracht hat?

LÖSUNG | Grace Kelly, spätere Fürstin Gracia Patricia von Monaco

Mit Pfeil und Bogen

Ihre Premiere hatte die gesuchte Fernsehsendung im Dezember 1964. Im August 1966 wurde sie sogar aus Monaco übertragen. Als aber die 25. Sendung am 25. August 1967 aus der Deutschlandhalle in Berlin von der Funkausstellung gesendet wurde, schrieb sie Fernsehgeschichte.

Am Vormittag hatte Willy Brandt als Vizekanzler offiziell den Start des Farbfernsehens verkündet, sodass man abends die Sendung in Farbe hätte ansehen können. Aber wer hatte damals schon einen Farbfernseher? Die meisten Deutschen waren froh, wenn sie überhaupt ein Fernsehgerät besaßen. Viele sahen die Sendung bei Nachbarn, Verwandten oder manchmal auch in der Kneipe um die Ecke. Da wurde mitgefiebert, wenn einem der Kandidat auf der Mattscheibe gefiel oder die Stimme des Telefonkandidaten sympathisch war.

Die 25. Ausgabe der Show spielte auch in der Geschichte der Sendung eine besondere Rolle. Es gab einen neuen Moderator. Nicht Rudi Carrell, wie vom ZDF angekündigt, sondern Vico Torriani begrüßte die 5 000 Besucher in der Deutschlandhalle und die Zuschauer an den Bildschirmen. Sein Vorgänger Lou van Burg war wegen eines privaten Skandals kurz zuvor suspendiert worden.

Am Ablauf der Sendung änderte dieser Wechsel nichts. Vier Showblöcke, in denen Sänger und Tänzer auftraten, ergänzten die Spielsequenzen, bei denen die Spieler in der Show und über Telefon zugeschaltet gegeneinander antraten.

Ein nicht immer leicht zu durchschauendes Prinzip lag der Kandidatenauswahl zugrunde. Das konnte auch schon mal die Assistentin durcheinanderbringen. So erntete sie viel Gelächter, als sie einmal erklärte, ein Kandidat habe 99 Punkte erschossen. Dabei hatte er mit der Armbrust nur den Rand der Zielscheibe getroffen.

Welche Sendung war das, die als erste interaktive Fernsehsendung Europas und als erste Show im deutschen Farbfernsehen in die Geschichte einging und bei der eine Armbrust eine bedeutsame Rolle spielte?

Alle Beteiligten an Fernsehsendungen, die direkt übertragen wurden, mussten immer gewappnet sein, um Pannen auszubügeln. Das war in den 1960er-Jahren nicht anders als heute. Und die Zuschauer durften gespannt sein, welch kleine Sticheleien die Moderatoren bereithielten.

Die gesuchte Sendung wurde schnell beliebt. 72 % Sehbeteiligung wurde 1967 gemessen. Davon träumen heutige Fernsehmacher nur. Aber auch diese Sendung verlor Zuschauer und wurde schließlich eingestellt. Am 2. Juli 1970 forderte Vico Torriani seine Kandidaten ein letztes Mal zum Duell mit der Armbrust auf.

Heute ist die Sendung eine Fernsehlegende und angesichts des kaum überschaubaren Fernsehprogramms, sehnt sich manch einer wieder nach ihr.

LÖSUNG | Der goldene Schuss

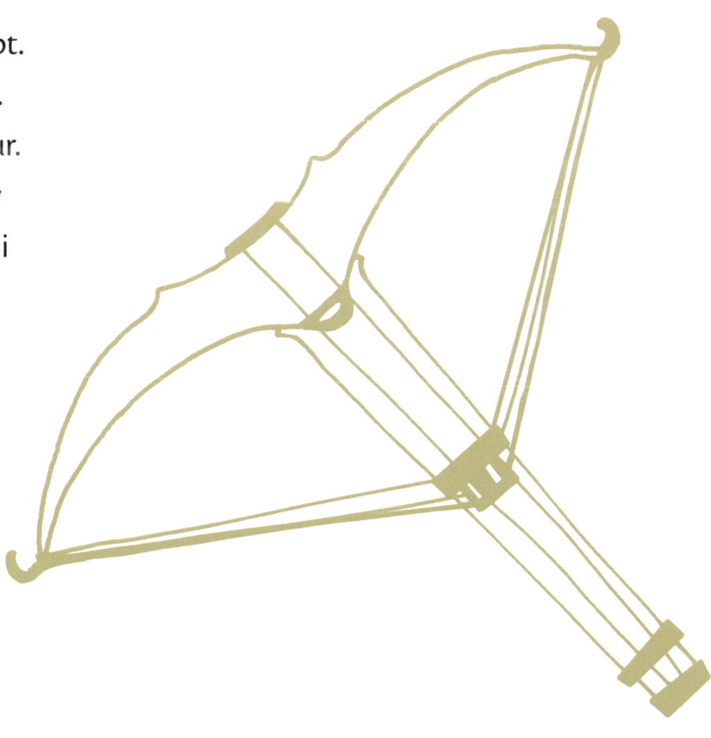

Viele Inseln zwischen Bergen

„Die Kiesel knistern, es rauscht der Sand, und Stein an Stein entbröckelt dem Bord", schrieb Annette von Droste-Hülshoff vor bald 200 Jahren über dieses Gewässer.

Schon damals zog es die Menschen in die Region, um dort Kraft zu tanken. Allerdings waren die Wege mühsam. Wer heute an dieses Gewässer reist, kann das bequem mit der Bahn tun und an vielen angrenzenden Orten auf die *„Weiße Flotte"* umsteigen. Dabei können die Passagiere sogar die Grenze ihres Landes verlassen und in der Schweiz, Österreich oder Deutschland aussteigen.

Etwas irreführend ist der Name des Gewässers. Er erweckt nämlich den Eindruck, als handele es sich um einen See. In Wirklichkeit sind es zwei Seen, die durch einen Fluss verbunden sind. Zusammen bilden sie mit einer Fläche von 536 Quadratkilometern den drittgrößten See in Mitteleuropa. Ginge es nach dem Wasservolumen, schafft der See es sogar auf Platz zwei.

Aber das ist für Touristen nicht so wichtig. Sie interessiert mehr, ob die Blumen im Garten von Graf Bernadotte blühen oder das Gemüse auf der Insel Reichenau gut schmeckt. Sie bummeln durch Lindau, wandeln in der Konzil-Stadt Konstanz auf den Spuren von Jan Hus oder besichtigen das Kloster Reichenau, dessen Buchmalerei Weltdokumentenerbe der UNESCO ist. Vielleicht sitzen sie auch in Bregenz auf der Seebühne und genießen ein Schauspiel oder betrachten von einem Zeppelin aus das Jahrtausende alte Gewässer von oben.

Ja, der See, dessen Name gesucht wird, wurde schon vor fast 2 000 Jahren erstmals erwähnt. Der römische Geograf Pomponius Mela schrieb 43 n. Chr. über den Ober- und Untersee, die zusammen mit dem Rhein den gesuchten See bilden.

Darauf, dass der See, der auch als *„Schwäbisches Meer"* bekannt ist, schon lange vor der ersten Erwähnung existierte, lassen die

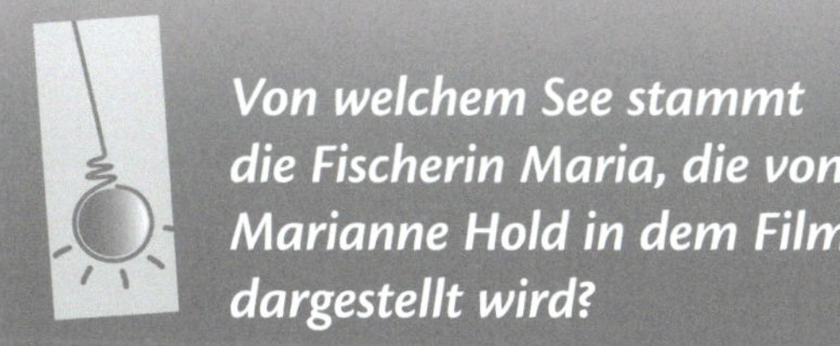

Pfahlbauten schließen, die in der Region gefunden wurden. In einem Museum in Unteruhldingen können Besucher sich einen Eindruck vom Leben der Menschen an diesem Gewässer in der Steinzeit und Bronzezeit machen. Dieses war ohne Zweifel ein völlig anderes als jenes, das seit 1961 in dem Film *„Drei Mann in einem Boot"* gezeigt wird.

In dieser Komödie fahren Walter Giller, Heinz Erhardt und Hans-Joachim Kulenkampff über den besagten See, der schon fünf Jahre zuvor einem anderen Film zu seinem Titel verholfen hat: *„Die Fischerin vom ..."*

LÖSUNG | **Bodensee**

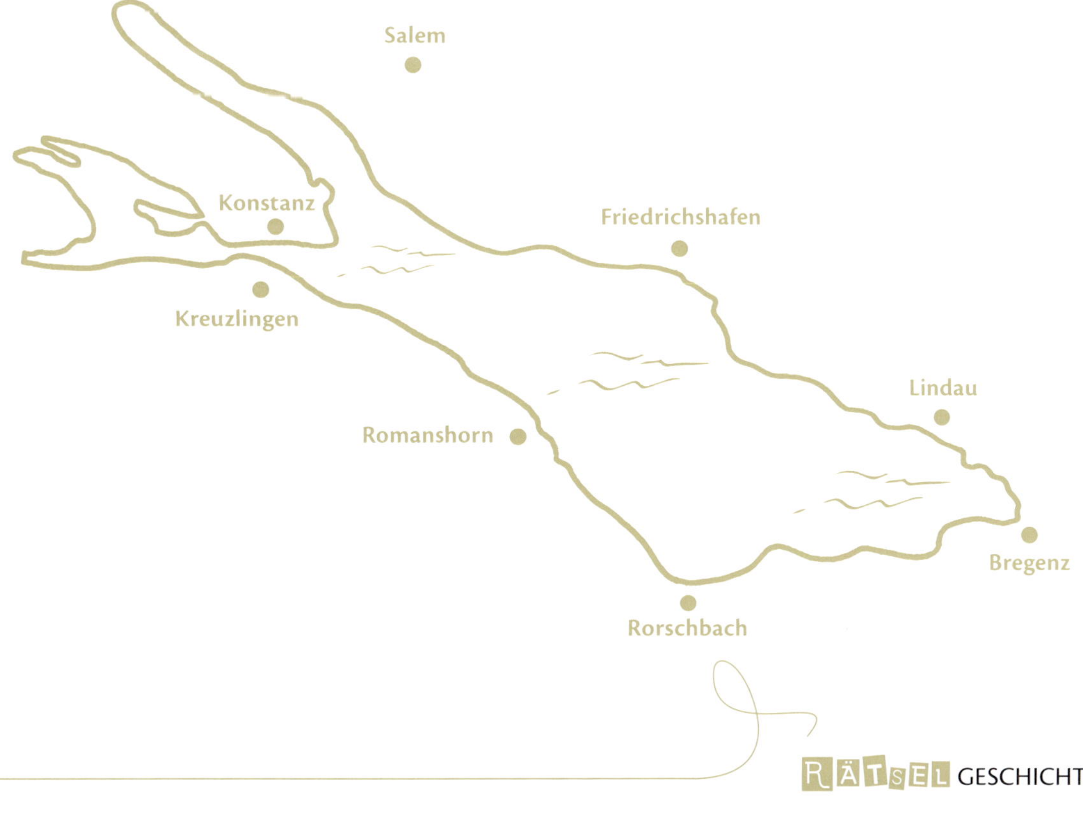

Eine besondere Nacht

Das hier gesuchte Ereignis hat den Menschen im letzten Jahrhundert gezeigt, dass es mehr gibt zwischen Himmel und Erde. Und es wurde bewiesen, dass wahr werden kann, was in Geschichten erzählt wird. Peterchen zum Beispiel träumte in einem Märchen von Gert Bassewitz schon von diesem Ereignis. Ein französischer Science-Fiction-Film aus dem Jahr 1902 fantasierte bereits von einer Reise, wie sie an diesem Tag stattfand.

Wissenschaftler aus der Sowjetunion und den USA wetteiferten miteinander, wer dieses Ereignis, um das es in diesem Rätsel geht, als Erster vermelden könne.

Am Ende waren es die Amerikaner, die den Sieg davontrugen. Gerade eben schafften sie es, das einzuhalten, was John F. Kennedy in einer Rede vom 25. Mai 1961 prophezeite: *„Ich denke, dass diese Nation sich selbst auf das Ziel verpflichten sollte, dafür zu sorgen, dass bis zum Ende dieses Jahrzehnts ein Mensch …"* eben das hier gefragte Ziel erreicht hat.

Acht Jahre dauerte es, bis sich Kennedys Wunsch erfüllte. Aber es war seine Nation, die den Sieg in dem Wettkampf zwischen Ost und West davontrug. Am 16. Juli 1969 machten sich drei Astronauten mit einer Rakete vom Kennedy Space Center in Florida auf den Weg zu einem Ziel, das jeder abends sehen kann, wenn er in den Himmel schaut. Es waren 500 bis

Abb.: © Norbert Höveler

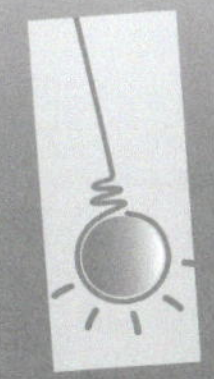

Welches Ereignis war es, das am 21. Juli 1969 über eine halbe Milliarde Menschen an die Bildschirme gefesselt hat?

LÖSUNG | Die Mondlandung, bei der Neil Armstrong als erster Mensch den Mond betrat.

600 Millionen Menschen auf der ganzen Welt dabei, als dieses Ereignis am 21. Juli 1969 stattfand. Auf den Bildschirmen der Schwarz-Weiß-Fernseher war nicht viel zu erkennen. Aber die Aussage des Mannes, der bis heute im Mittelpunkt des Ereignisses steht, war gut zu hören. *„Das ist ein kleiner Schritt für einen Menschen,"*, sagte Neil Armstrong, *„ aber ein riesiger Sprung für die Menschheit."*

Kurze Zeit später hüpfte er mit seinem Kollegen Edwin *„Buzz"* Aldrin im schweren Anzug durch den Sand, als trüge er einen leichten Mantel. Und wirklich fühlte sich in der Schwerelosigkeit des Alls die Schutzkleidung an, als wöge sie 30 Kilo.

Heute kennen die meisten nur diesen Augenblick des Triumphs. Viele wissen nicht, wie nah die Männer in jener Nacht einer Katastrophe waren. Als die beiden Astronauten zum Rückflug ansetzen wollten, bemerkten sie, dass der Schalter zum Start der Triebwerke abgebrochen war. Nur einem Filzstift ist es zu verdanken, dass jener 21. Juli 1969 als ein positiver Gedenktag in die Geschichte eingegangen ist und nicht als Tag einer Katastrophe der Raumfahrt.

Für die Menschen bestellt

Als dieser Mann in sein Amt berufen wurde, schrieb in Deutschland keine Zeitung darüber. Dabei wurde ihm eine der höchsten Weihen verliehen, die die katholische Kirche vergeben kann. Stattdessen sorgten Bürger mit privaten Kleinanzeigen dafür, dass sich die Nachricht von der Beförderung verbreitete.

Zu dem Zeitpunkt war der Mann 55 Jahre alt und lebte und arbeitete in Köln. Geboren und aufgewachsen ist er allerdings in Neuss, wo sein Vater eine Weberei besaß. Nach dem Abitur am Königlichen Gymnasium studierte er Theologie in München, Innsbruck, Freiburg und Bonn. Seine Priesterweihe war am 10. August 1910.

Als Pfarrer in Braunsfeld begegnete er zum ersten Mal Konrad Adenauer, der damals noch Oberbürgermeister von Köln war. Obwohl die beiden sich später immer wieder begegneten, war ihr Verhältnis zueinander eher distanziert. Das ist kein Wunder, schreckte der Gesuchte doch nicht davor zurück, sich ins politische Geschehen einzumischen.

Abb.: © Jens Müller

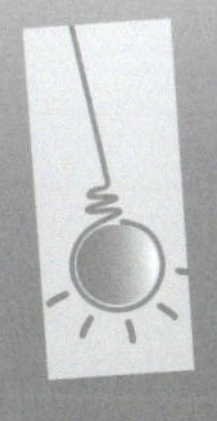

Wer war dieser Kardinal, der „Für die Menschen bestellt" nicht nur als Wappenspruch wählte, sondern dieses auch lebte?

Als das Grundgesetz erarbeitet wurde, schrieb er Vorschläge an Adenauer und trat gleichzeitig in die CDU ein. Seine Parteizugehörigkeit endete jedoch bereits im Mai 1949. Ob aus Enttäuschung über das Grundgesetz, in dem scheinbar die kirchlichen Interessen zu wenig Berücksichtigung fanden? Oder weil das Reichskonkordat katholischen Priestern die Mitgliedschaft in einer politischen Partei untersagte? Wir können den Gesuchten nicht mehr fragen. Er verstarb am 17. Dezember 1978 in Köln, wo er im Dom beigesetzt wurde.

Außer dem Gedenkstein hat er einige literarische Werke in der Welt zurückgelassen. In der Silvesteransprache von 1946 sagte er einmal: *„Wir leben in Zeiten, da in der Not auch der Einzelne das wird nehmen dürfen, was er zur Erhaltung seines Lebens und seiner Gesundheit notwendig hat, wenn er es auf andere Weise, durch seine Arbeit oder durch Bitten, nicht erlangen kann."*

LÖSUNG | Josef Kardinal Frings

Im Anschluss an den Gottesdienst haben viele hungrige und verzweifelte Menschen Güterwagen geplündert und Nahrung und Kohle gestohlen. Seither gibt es das Wort *„fringsen"* als Begriff für einen Diebstahl, der aus einer Notlage heraus begangen wird.

Auch während des Zweiten Weltkriegs stand der gesuchte Erzbischof, der 1946 zum Kardinal ernannt worden war, immer auf der Seite der Menschen, die verfolgt wurden. Das brachte ihn selbst in Gefahr, er musste stets mit einer Verhaftung rechnen. Allerdings war er bereits so bekannt, dass er auch dann unbehelligt blieb, als er die Judenverfolgung öffentlich als *„himmelschreiendes Unrecht"* bezeichnete.

Ich bau mir ein Schloss

Dieses Schloss kennt vermutlich jeder. Über eine Million Touristen besuchen es jährlich. In der sommerlichen Hochsaison wälzen sich täglich bis zu 6 000 Menschen durch die Räume. Sein Erbauer, König Ludwig II., würde sich im Grab umdrehen, wenn er das wüsste. Er wollte das Schloss nämlich ganz für sich haben.

Für den Bau hatte er eine Stelle ausgewählt, die in der Nähe eines Schlosses lag, in dem er seine Kindheit verbracht hatte. Dort, wo heute das Märchenschloss steht, hat der Erbauer als kleiner Prinz noch zwischen Burgruinen gespielt.
Ungefähr ein Jahr dauerte es, bis der Platz, auf dem heute das Schloss thront, vorbereitet war. Die Ruinenreste mussten abgetragen und überstehendes Gestein beseitigt werden, um eine glatte Ebene für das Fundament zu schaffen.

1869 konnte endlich der Grundstein gelegt und 1880 Richtfest gefeiert werden. Die weiteren Arbeiten verliefen jedoch schleppend, auch weil der Bauherr sich plötzlich einen großen Thronsaal wünschte. Und sicher war der Platz auf einem Felsplateau auch nicht optimal, um Maschinen und Baustoffe zügig herbeizuschaffen. Der Bauherr musste also lange darauf warten, bis er sein Traumschloss beziehen konnte.
Das heißt, richtig bezogen hat er es nicht einmal und auch die völlige Fertigstellung hat er nicht mehr erlebt. Noch ehe das Schloss in der heutigen Form besichtigt werden konnte, fand man die Leiche des Bauherrn im Starnberger See.

Bis heute sind die Hintergründe seines Todes nicht endgültig geklärt. Eins steht jedoch fest: König Ludwig II. hat mit dem gesuchten Bauwerk ein Schloss hinterlassen, dass zu den bekanntesten Sehenswürdigkeiten Deutschlands gehört.

Wer die prunkvollen Räume betritt, fühlt sich unversehens, als sei er im Märchen. Deshalb

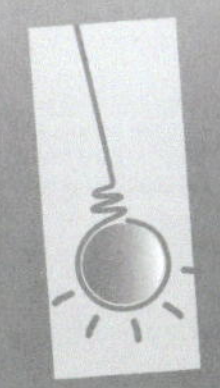

Welches Bauwerk des Bayernkönigs Ludwig II. ist es, das jährlich rund 1,4 Millionen Besucher anzieht?

trägt das Bauwerk auch den Namen *„Märchenschloss"*, obwohl es sehr real ist. Das spürt vor allem die Bayerische Schlösserverwaltung täglich. Sie muss sich um die Instandhaltung des Schlosses kümmern und dafür sorgen, dass das über 100 Jahre alte Fundament hält und die steilen Felswände gesichert werden.
Wer nach dem stundenlangen Warten in der Besucherschlange den Einlass geschafft hat, den interessieren solche Sorgen nicht. Er hat auch keine Zeit, sich darüber Gedanken zu machen, denn in dem Gebäude gibt es so viel zu sehen – von den Räumen der Dienerschaft über die königlichen Gemächer bis hin zum Thronsaal. Vor allem der Sängersaal wird gerne besichtigt, an dessen Wänden Bilder zu Opern von Richard Wagner, dem Lieblingskomponisten König Ludwigs II., hängen.

LÖSUNG | Schloss Neuschwanstein

Abb.: © Dorothee Wolters

Der Filmskandal

Wer heute an Filme der 1950er-Jahre denkt, dem fallen meist Komödien mit Heinz Erhardt und Heinz Rühmann ein. Dabei schafften es diese Aufnahmen höchstens in die Publikumszeitschriften. Ganz anders war es mit dem Film, der hier gesucht wird. Er sorgte für den ersten Filmskandal in der Bundesrepublik Deutschland.

In manchen Städten gingen über 1 000 Menschen auf die Straße, um gegen den Film zu demonstrieren. Jugendliche der Christlichen Arbeiterjugend versuchten sogar mit Stinkbomben in einem Kino, die Aufführung zu verhindern.

In den 1960er-Jahren hieß es, der Skandal sei darauf zurückzuführen, dass erstmalig in einem deutschen Film die nackte Brust einer Schauspielerin zu sehen war. Bis heute hält sich dieser Verdacht, dass der Film nur deshalb in der Diskussion stand. Dabei waren es viele Aspekte, die vor allem die Kirchen auf den Plan riefen. In dem 100-minütigen Film geht es um die Prostituierte Marina, die ihrem schwer erkrankten Freund beim Sterben hilft und sich anschließend selbst das Leben nimmt. Für so viele Tabuverletzungen jener Zeit hatten manche Menschen kein Verständnis. Viele andere fanden die Themen wohl interessant, denn der Film gilt bis heute als Kassenschlager.

Verwunderlich ist der wirtschaftliche Erfolg nicht. Über Monate war der Film Thema öffentlicher Diskussionen. Schon vor der Filmpremiere am 18. Januar 1951 gab es den ersten Skandal. Da weigerte sich die Filmfreigabestelle, den Film freizugeben. Erst als der Regisseur Willi Forst drohte, diese Entscheidung öffentlich zu machen, wurde die Freigabe mit neun zu vier Stimmen beschlossen. Daraufhin traten am nächsten Tag die Vertreter der Kirchen aus dem Prüfungsgremium zurück, was erst recht für Schlagzeilen sorgte.

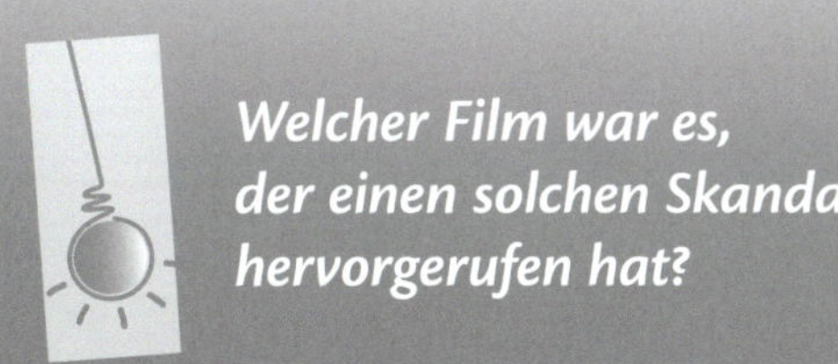

Sogar die Stadtverwaltungen meinten, sich über die Entscheidung der Filmkontrolle hinwegsetzen zu müssen. So verbot am 24. März 1951 das Ordnungsamt einer Stadt im Emsland kurzerhand dem örtlichen Kino, den Film zu zeigen. Filmfirma und Kinobetreiberin zogen bis vor das Bundesverwaltungsgericht, um sich dagegen zu wehren, und bekamen schließlich Recht – allerdings erst dreieinhalb Jahre später, als sich kaum noch jemand für den Film interessierte.

LÖSUNG | „Die Sünderin" mit Hildegard Knef

Heute hat der Film wegen seines umstrittenen Inhalts, der nackten Brust der jungen Schauspielerin und des damit einhergehenden Skandals einen bedeutenden Platz in der Filmgeschichte. Dabei ist seine filmische Qualität durchaus umstritten. Vielleicht auch deshalb, weil Regisseur Willi Forst schon im Vorfeld der Drehaufnahmen wichtige Elemente der ursprünglich geplanten Geschichte gestrichen hat. Eigentlich wollte er nämlich einen Film über eine moderne Maria Magdalena drehen. Einen Skandal hat er durch diese Selbstzensur jedoch nicht verhindert.

In letzter Minute

Als dieses Ereignis stattfand, kannte man den Begriff *„Public Viewing"* noch nicht. Es wurden keine Großleinwände in Parks aufgestellt und die Mauer, die fast 30 Jahre Berlin teilte, war noch nicht einmal gebaut. Flaggen fand man höchstens an Staatskarossen und keiner wäre auf die Idee gekommen, sich schwarz-rot-goldene Fahnen auf die Wangen zu schminken.

In den Zeitungen sorgten das Ende des Indochinakriegs und der Übertritt des Präsidenten des Verfassungsschutzes in die DDR für Schlagzeilen. Und im Grenzverkehr zwischen der Bundesrepublik Deutschland und Frankreich war kein Visum mehr nötig. Fünf Jahre nach Gründung der Bundesrepublik Deutschland war das Land auf dem Weg, ein gleichberechtigter Partner der Weltgemeinschaft zu werden.

Im Sport hatten Funktionäre und Verbände das Sagen und schon damals gab es Rangeleien um Austragungsorte von Weltmeisterschaften. So entschied der zuständige Sportverband am 22. Juli 1946, dass das gesuchte Ereignis 1954 in der Schweiz stattfinden sollte. Im Juni reisten, nach zwei Wochen Trainingslager in Bayern, 23 Herren aus der Bundesrepublik in die Schweiz. Sie nahmen an einem Wettkampf teil, in dem ihnen niemand eine Chance einräumte. Aber Dabeisein war alles und die Deutschen nutzten jede Gelegenheit, um der Welt zu zeigen, was in ihnen steckte. Gleich im ersten Spiel gelang es der Elf um Trainer Sepp Herberger, die Konkurrenten und Zuschauer zu überraschen. Trotz eines Rückstandes in der dritten Spielminute wendete die deutsche Mannschaft das Blatt und siegte gegen die favorisierte Mannschaft aus der Türkei mit 4 : 1. Ob ihnen der Sieg zu Kopf gestiegen war oder es daran lag, dass die Reservemannschaft auf den Platz lief – im zweiten Gruppenspiel versagten die Deutschen kläglich. Nach dieser 8 : 3-Niederlage gegen den späteren Gruppensieger Ungarn gelang es ihnen, die Türkei in einem Ent-

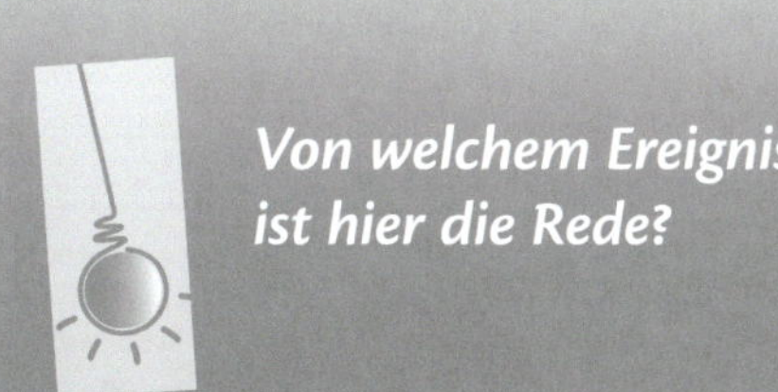

Von welchem Ereignis ist hier die Rede?

scheidungsspiel um Platz zwei mit 7:2 zu schlagen. Damit wurden die Deutschen Gruppenzweiter und qualifizierten sich für die nächste Runde.

Mit einem 2:0 über Jugoslawien und einem 6:1 über Österreich schafften es die deutschen Spieler tatsächlich bis ins Finale. Am 4. Juli 1954 trafen sie im Berner Stadion erneut auf ihren Vorrundengegner Ungarn und ließen sich von den Favoriten nicht unterkriegen. Mit seinem 3:2-Treffer sorgte Helmut Rahn in der 84. Spielminute für die große Überraschung.

Der Film *„Das Wunder von Bern"* vermittelt denen, die nicht dabei waren, einen guten Eindruck von der Stimmung in jener Zeit und von dem gesuchten Ereignis.

LÖSUNG | **Fußballweltmeisterschaft 1954**

Abb.: © Jens Müller

Klein, aber oho

„*Bubbla*" nannten die Schweden dieses Fahrzeug, das bereits 1938 erstmals gebaut wurde und bis 2001 das meistverkaufte Auto der Welt war. „*Fusca*" sagte man in Uruguay und „*Garbus*" in Polen.

In Deutschland sah man das Auto bis in die 1970er-Jahre täglich und überall – auf den Straßen als gelbes Postauto oder grünen Polizeiwagen und in Kinofilmen. Man denke nur daran, wie Trude Herr als Frau Rumberg dem von Heinz Erhardt gespielten knurrigen Eberhard Dobermann in „*Natürlich die Autofahrer*" das Fahren beibringen möchte. Oder an das Fahrzeug „*Dudu*", das in einem Film an einer Alpen-Rallye teilnimmt.

Wenn man in den 1950er-Jahren jemandem erklärte, dass man einen „*Volkswagen*" fuhr, wusste jeder, dass es sich um dieses Fahrzeug handelte. Am 5. August 1955 rollte das millionste Exemplar in goldenem Metallic-Lack und mit Strassteilchen verziert vom Band. Der gesuchte Name bürgerte sich als Modellname erst ein, als 1961 ein weiteres Personenwagen-Modell des Herstellers auf den Markt kam.

Während Autofirmen heute Agenturen damit beauftragen, pfiffige Modellnamen zu finden, fiel dem Unternehmen der Name förmlich vor die Füße. Der gesuchte Name, unter dem wir es kennen, stammt gar nicht aus Deutschland, sondern aus dem englischen Sprachraum. Dort war er eher ein Spottname. Aber auch wenn das Fahrzeug in den USA anfangs belächelt wurde, fand es in der Zeit des Wirtschaftswunders wachsenden Anklang und Absatz.

Bis 1978 wurde das Auto mit zwei Kofferräumen, einem vor der Windschutzscheibe und einem hinter der Rückbank im Innenraum, in Deutschland gebaut. Bis zum 1. Juli 1974 wurden fast zwölf Millionen Fahrzeuge am Werksitz des Autoherstellers produziert. Am 19. Januar 1978 fuhr die letzte „*Bubbla*"-Limousine aus europäischer Produktion im

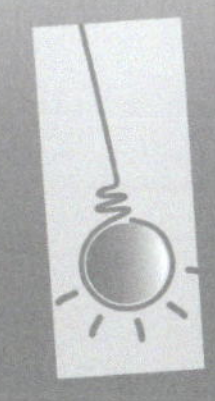

Wie heißt das kleine Auto, in dem fast jeder über 50-Jährige schon gesessen hat?

Werk in Emden vom Band und die allerletzten Fahrzeuge wurden in Mexiko gefertigt.

Als Oldtimer und Gebrauchtwagen stehen die Fahrzeuge noch heute hoch im Kurs. Die Preise der Autos können zwar nicht mit den anderen Modellen ihres Erfinders Ferdinand Porsche konkurrieren, aber wer einen alten *„Buckel-Porsche"* ergattern kann, freut sich mindestens genauso sehr wie der Käufer eines Porsche-Modells.

LÖSUNG | VW Käfer

Präsent

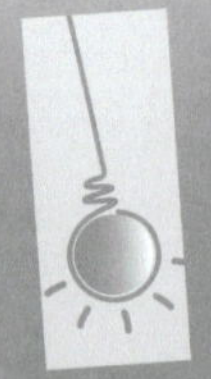

Um welches Geschenk, das in vielen Liedern, Gedichten und Geschichten vorkommt, handelt es sich?

LÖSUNG | Rosen

Dieses Geschenk hat sicher jeder schon einmal bekommen. Die meisten Empfänger freuen sich über dieses Geschenk, das in verschiedenen Farben erhältlich ist. Jede Farbe hat ihre eigene Bedeutung: Weiß gilt als geheimnisvoll und Orange als Zeichen für Glück, Optimismus und Zufriedenheit.

Mit diesem Wissen bekommt so mancher Schlager plötzlich eine neue Bedeutung. Das Geschenk wird nämlich gerne besungen. Hildegard Knef wünschte sich in einem Lied, dass es auf sie herabregnete, während Nana Mouskouri es in Weiß aus Athen kommen ließ. Ob es von jenem Kavalier gebracht wurde, der das Gesuchte im Namen einer Oper trug? Wer weiß das schon. Gewiss ist, dass man sich das Gesuchte in Tirol schenkt und *„sich selber auch mit drein"*.

Das Geschenk, das gesucht wird, ist viele Tausend Jahre alt, seit etwa 2 000 Jahren wird es als Zierpflanze genutzt. Wenn man auf den Weihnachtsmarkt geht, kann es einem passieren, dass eines aus Jericho angeboten wird. Dann liegt da ein unscheinbares Etwas, aus dem angeblich etwas wachsen soll. Was dort wächst, hat jedoch wenig Ähnlichkeit mit dem Gesuchten, das in vielen, vielleicht sogar allen Brautsträußen steckt. Dort müsste das Gesuchte eigentlich rot sein, denn in roter Farbe erzählt es von großer Liebe.

Abb.: © Dorothee Wolters